좋은 일을 멋지게
멋진 일을 바르게

Doing Good Better!

이 책은 공익경영센터(NPOpia)의 2020년 해외 도서 번역사업으로 기획 출판되었습니다.

공익경영센터는 한국의 비영리 단체에 종사하는 실무자와 단체가 협업, 교류, 성장할 수 있도록
공유공간 지원, 아카데미 교육 제공, 비영리거버넌스 연구를 지원하고 있습니다.

좋은 일을 멋지게
멋진 일을 바르게

초판 1쇄 인쇄 2020년 11월 15일
초판 1쇄 발행 2020년 11월 20일

지은이 | 에드가 스토에즈(Edgar Stoesz)
옮긴이 | 김경수
펴낸이 | 강인구

펴낸곳 | 누림북스
등 록 | 제2014-000144호
주 소 | 서울시 종로구 삼일대로 428(낙원동) 낙원상가 5층 500-8호
전 화 | 02-3144-3500
팩 스 | 02-6008-5712
이메일 | cdgn@daum.net

디자인 | 참디자인

ISBN 979-11-954647-8-4 (03320)

비영리 단체 이사 핸드북

DOING GOOD BETTER

좋은 일을 멋지게
멋진 일을 바르게

에드가 스토에즈 (Edgar Stoesz)

누림북스

목차

한국 사회에 "좋은 일"을 도모하는 비영리 단체들이 늘어나고 있어 참으로 감사하다. 정부와 영리기업에 사회 전체를 맡겨버리지 않고, 꼭 필요한 곳에서 수고하는 비영리 단체에 관련된 모든 분들에게 이 자리를 빌어 감사의 마음을 전한다. 하지만, 많은 비영리 단체들의 영세성과 비전문성은 늘 마음 한 구석을 불편하게 하고 있었다. 본서는 그래서 가뭄에 단비 같이 반갑다. 비영리 단체는 사명감을 가진 스탭들과 자원봉사자, 이를 후원하는 후원자들, 그리고 이 단체의 방향과 사업에 전체적 책임을 지는 이사회로 구성된다. 이사회는 참여자들의 많은 헌신과 희생을 보호 할 뿐 아니라, 이 사업을 지속 가능하게 하고, 더 나아가 "더 좋게" 방향을 설정하고 "바르게" 이끌어가야하는 중차대한 책임을 지고 있다. 일년에 한 두 번 열리는 이사회에 만족하지 않고, "좋은 일을 더 멋지게, 멋진 일을 바르게"하는 이사회들이 많이 일어난다면, 우리 사회의 구석 구석이 좀 더 좋아지고 좀더 멋지게 변화될 것이다. 이 책은 모든 비영리 단체 이사회의 참고도서가 아니라 필독서요 교과서가 될 것이다.

김형국 재단법인 한빛누리, 정림건축문화재단 이사장

일생동안 비영리조직에 종사한 누군가가 전해주고 싶은 지혜와 통찰이 담겨있습니다.무릎을 칠만한 문장과 질문들로, 갈피를 잘 잡아 배열한 책입니다. 업계의 관행을 꿰뚫고 있는 저자는 애매한 개념은 명확하게, 회피하려는 항목은 그럴 마음이 싹 가시도록 씁니다. 사람으로 치면 말수가 적은 현인인데, 읽는이가 짧은 문장들을 외울 듯 되뇌이게 합니다. 미국 저작물이지만 우리 경험세계로 옮기는데 문턱이 높지 않고, 오히려 동질의 경험을 발견하는 즐거움도 있습니다.

윤환철 미래나눔재단 사무총장

"작고 쉽게 읽을 수 있는 책"이라는 저자의 책 소개는 틀렸다. 크기는 작고 읽기에 부담없는건 맞지만 이 책이 던져주는 통찰과 해법은 결코 가볍지 않다. 비영리조직에서 이사회가 중요하다는 것은 누구나 알고 있지만, 정작 이사의 역할과 책임이 무엇인지 아무도 잘 알지 못하고 아무도 가르쳐주지 않는다. 저자는 오랜 경험에서 나온 비영리 이사회의 실제를 유용한 사례들을 통해 매우 구체적으로 제시하고 있으며, 다양한 팁들과 아이디어들 그리고 생각할 거리들을 가득 던져준다. 비영리 이사회로 활동하는 이사들과 리더들, 비영리에 관심있는 사람들, 그리고 좋은 일을 바르게 하고 싶은 모든 사람들이 반드시 읽어보길 권한다.

이명신 비영리경영연구소 소장/경희대 공공대학원 객원교수

매뉴얼과 툴이 넘치는 시대에, 짧은 영상과 단편적 지식으로는 채울 수 없는 원리를 탐구한다는 것은 중요하면서도 즐거운 일이다.

이 책이 그렇다. 비영리조직의 운영원리는 Best Practice는 있으되 정답이 없으니 한땀한땀 챙겨가는 수밖에 없다. 그 시작은 거버넌스의 이슈다. 건강한 조직은 작동하는 이사회가 있다. 공유된 가치로 목적지를 합의하고 다양성을 동력삼아 굴러가는 탈것과 같다.

이재현 NPO스쿨 대표

거버넌스라는 용어는 국제적 차원에서, 국가적 차원에서 협치(協治), 공치(共治)라는 의미로 널리 통용되어 왔다. 그러나 특정 조직의 차원, 특히 비영리조직의 의사결정구조와 관련해서는 이사회의 기능 및 역할과 연관되어 언급된다. 흔히 특정 조직의 거버넌스는 집행 및 경영 기능과 대비되기도 하지만, 궁극적으로 조직 내 권력을 행사하는 방법이자 절차다. 이를 둘러싼 우리의 역사적 발자취와 맥락적 이해를 전제로 한다면, 비영리조직의 이사회와 이사진에 대한 이 책의 내용은 타산지석으로서 우리에게 유용한 안내서가 될 것이다.

이형진 아르케 대표, 성공회대 객원교수

이 작은 책자는 기업이나 단체의 건강한 이사회를 운영하는데 더할 수 없는 좋은 지침서가 될 것을 확신합니다. 저자인 에드가 스토에즈(Edgar Stoesz)의 현장 중심의 경험과 번역자의 현 비영리 단체 대표로서의 경험이 아울러서 이사회 운영에 대한 구체적인 방법을 제시하고 있습니다.

채종욱 재단법인 빈손채움 이사장

긴요하고 반가운 자료다. 1994년부터 비영리섹터에 실무책임자, 이사, 컨설턴트로 참여했던 경험들을 상기시켰다. 건강하고 역동적인 이사회는 미션 중심 조직의 기둥이라는 것을. 이 책의 내용들 중 많은 부분은 내가 씨름했던 내용들이고, 같이 일했던 사람들이 많이 등장한다. 큰 도움을 줄 자료라서 강추한다.

최영우 (주)도움과나눔 대표

비영리공익기관의 설립과 성장을 위해 찾아오는 분들을 오랜 기간 도우며 느낀 것은, 후원자나 회원의 확보, 사업과 재정에 대한 관심은 지대하지만, 전문적인 실무책임자의 양성과 이사회의 결속력과 성장에 대한 대화는 참 적다는 것이었습니다. 다소 늦은 감이 있지만 이 책의 발간을 통해 그 이야기를 꺼내놓을 수 있는 본격적인 계기가 마련된 것 같아 참 반갑습니다. 책에서 강조하는 바 이사회가 목적과 방향을 스스로 점검하게 된다면, 이러한 성찰의 모본을 통해 실행조직도 지속적으로 건강하게 이끌게 될 것으로 믿습니다. 비영리공익기관들의 담백한 거버넌스를 위한 선명한 가이던스가 되어 줄 것을 기대합니다.

황병구 월간 복음과상황 이사장

서문

이 작고 쉽게 읽을 수 있는 책은 내가 평생 동안 다양한 기업과 비영리단체 이사회에서 이사로, 이사장으로 어느 때는 이사회에서 임명한 CEO로 봉사해온 경험으로부터 나온 결과물이다.

이 책 "좋은 일을 멋지게"는 이사회의 실제를 다루려고 했고, 다른 학자와 실무전문가들로부터 도움을 받았다. 이 책은 회원들에 대한 서비스로부터 이사회의 결정을 CEO에게 위임하는 것을 포함한 이사회 거버넌스의 전반적인 책임을 23개의 아티클과 6개의 참고자료에서 다루고 있다.

비영리단체란 좋은 일(선)을 추구하는 조직이다. 그래서 이 책은 그들이 선한 일(Doing Good)을 멋지게(Better) 할 뿐 아니라 그것을 즐겁게 수행하도록 돕기 위해 쓰여졌다. 이 책에서 발견하는 아이디어나 제안들을 통해 여러분의 이사회가 더욱 효과적으로 일할 수 있기를 바란다.

이 책은 1994년 초판 내용을 대부분 새롭게 수정 보완한 것이다. 초판을 읽은 독자들은 좀 더 유용한 내용을 발견할 것이고, 새로운 독자들은 더 완성도 있고 새로워진 내용을 찾게 될 것이다.

이 책에서는 이사회의 모범사례를 이야기하기 보다는 이사로서 봉사하는 태도에 중점을 두었다. 이사로 봉사한다는 것은 특권으로 여겨지고, 우리는 기쁜 마음으로 이 일을 수행해야 한다. 이사회 봉사의 혜택은 이사로서 뿐만 아니라 봉사의 대의명분에 의해서 얻어진다. 가치 있는 일을 하는 이사회에서 봉사하려고 하는 사람들은 이타심을 가진 특별하고 아름다운 사람들이다.

동시에 이사로서 봉사하는 것은 평생우정을 쌓는 새로운 기술을 발견하고 발전시킬 수 있는 기회를 얻는 것이다.

여러분을 환영한다. 소매를 걷어 붙이고 "좋은 일을 멋지게"에 참여하자!

이 책에 나오는 주요 용어

거버넌스(Governance) 조직의 지배구조와 운영방식을 일컫는 말로, 일반적으로 국가의 전통적인 통치행위를 의미한다. 1990년대 들어서면서 신 공공관리론 또는 뉴 거버넌스론이 등장하면서 통치(Government)와 분리된 개념으로 인식되고 있다. 비영리영역에서 새로운 운영방식을 지칭하는 포괄적 의미로 사용하기 시작해, 리더십을 발휘하는 행위이자 과정, 단체를 운영하는데 필요한 의사결정 과정, 단체의 목적을 달성하기 위해 단체를 이끌어 가는데 필요한 관계와 과정으로 개념화 되고 있다. 특히, 비영리 거버넌스는 비영리 조직이 사회적 신뢰와 책무성을 달성하도록 전략적인 리더십을 제공하는 과정이라 할 수 있다.

서번트 리더십(Servant Leadership) 그린리프(R. Greenleaf)라는 경영학자에 의해 1970년대 초에 처음으로 소개되었다. 그린리프는 헤르만 헤세(H. Hesse)가 쓴 『동방 순례』라는 책에 나오는 서번트 레오(Leo)의 이야기를 통해 서번트 리더십의 개념을 설명하였다. 레오는 순례자들의 허드레 일이나 식사 준비를 돕고, 때때로 지친 순례자들을 위해 밤에는 악기를 연주하는 사람이었다. 레오는 순례자들 사이를 돌아다니면서 필요한 것들이 무엇인지 살피고, 순례자들이 정신적으로나 육체적으로 지치지 않도록 배려했다. 그러던 어느 날 갑자기 레오가 사라져 버렸다. 그러자 사람들은 당황하기 시작했고, 피곤에 지친 순례자들 사이에 싸움이 잦아졌다. 그때서야 비로소 사람들은 레오의 소중함을 깨닫고, 그가 순례자들의 진정한 리더였음을 알게 되었다. 서번트 리더십은 레오와 같이 다른 구성원들이 공동의 목표를 이루어 나가는데 있어 정신적 육체적으로 지치지 않도록 환경을 조성해 주고 도와주는 리더십이다. 결국 인간 존중을 바탕으로 다른 구성원들이 잠재력을 발휘할 수 있도록 도와주고 이끌어 주는 것이 서번트 리더십의 핵심이다. 서번트 리더십은 비영리단체의 주요한 리더십이론으로 자리 잡아 왔다.

선량한 관리자로서의 주의의무(Reasonable standard of care) 이사들은 위임받은 이사 업무에 대해 관리자로서의 의무를 다해야 한다는 것으로 민법에 선관의무로 소개되어 있다. 이사회가 일상적 사무를 처리하기 위해 사무총장, 사무국장 등의 명칭으로 상근 임직원을 따로 두고 있는 경우, 비상근 또는 업무를 직접 담당하지 아니하는 이사도 상근임직원의 전반적인 업무집행을 감시할 의무가 있다. 단지 이사회에 상정된 의안에 대하여 찬성과 반대의 의사를 표시하는 데에 그치지 않아야 한다는 것이다.

실행대표(CEO/ED) 일반 기업의 CEO(Chief Executive Officer)와 마찬가지로 비영리단체에서는 경영진을 대표해서 실무책임을 맡고 있는 대표를 ED(Executive Director)라고 부른다. (실행)대표는 이사회의 선출과 임명을 받아 이사회의 결정사항들을 실행하며, 사업수행과 직원들의 인사를 책임지는 역할을 담당한다. 단체에 따라 상임이사, 사무국(총)장, 집행위원장, 본부장 등의 호칭으로도 불려진다.

위원회(Committee) 이사회 또는 경영진에 의해 필요한 목적에 따라 구성하여 운영하는 단위이다. 정례화 하느냐 임시로 운영하느냐에 따라 상임 또는 비상임으로 구분할 수 있다. 또한 실행(집행)위원회, 운영위원회, 자문(기획)위원회 등 목적에 상관없이 이사회 거버넌스가 확립되기 전 임시이사회 역할을 대체할 수 있는 단위로 운영되기도 한다. 거버넌스위원회, 미래비전위원회, 이사회위원회, 인사위원회, 재정(재무)위원회, 프로그램위원회 등 다양하게 구성할 수 있다.

의장 또는 이사장(Chairperson/Chairman) 이사회나 이사를 지휘하는 사람으로서 이사회 회의를 주재하고 그 회의를 대표한다. 이사회와 대표와의 관계를 설정하는 중요한 역할이 있다. 대개는 실행대표와 의장역할을 한 사람이 수행하는 경우가 많은데, 실행대표와 의장(이사장)을 분리하는 것이 이사회의 독립성을 확보하고, 관리감독의 투명성을 높이고, 효과적인 승계 계획을 수립할 수 있다는 장점이 있다.

정책 거버넌스 모델(Policy Governance Model) Carver's Model이라고도 하며, 이해관계자에게 운영진이 조직의 미션과 비전을 잘 수행하도록 협력하는 구조 또는 체계를 문서화하는 거버넌스 모델이다. Carver는 이사회가 이해관계자를 대리하고, 경영진이 이해관계자의 기대를 달성하도록 협력하는 역할을 수행하는 단위로 정의하였고, 조직의 모든 구성원의 역할, 권한, 책무를 규정하고 작동시키는 '책임지는 이사회'가 되는 모델로 정책 거버넌스를 제안했다. 정책 거버넌스를 구축하는데 있어 비영리 조직이 사회에 미치는 영향력을 정의하는 목적과, 조직에서 수용할 수 있는 것과 수용할 수 없는 것들을 규정하는 것, 이사회를 포함하여 각자의 직무를 어떻게 완수할 것인지에 대한 가이드라인이 포함되는 것을 전제로 한다.

재활성화(Revitalization) 정체기와 쇠퇴기에 있는 조직을 새롭게 활성화시키는 과정을 말한다. 이 과정에서는 사명을 다시 정의하는 것뿐 아니라 이사들을 포함한 인적자원을 새롭게 하거나, 전략기획을 다시 수립할 수 있다. 재활성화에 사용되는 대표적인 기법 중 하나가 AI이다.

책무성(Accountability) 책무성이란 일반적 의미에서 책임(responsibility)과 교차적으로 사용되며, '어떤 행동에 대해 응답을 해야만 하는 것'을 말한다. NPO는 특성상 다양한 이해관계자와 관계를 맺기 때문에 이에 따르는 다양한 종류의 책무성이 존재한다. 이사회는 사명에 대한 책무성과 수행사업과 예산에 대한 승인책무성을 갖고 있다. 정부에 대해서는 법적책무성을 갖고 있다. 실행대표는 이사회에 대해서 경영책무성을 갖고 있다고 볼 수 있다. 비영리단체에서의 가장 중요한 책무성은 단체 스스로 하고자 하는 일에 대해 책임을 지는 사명책무성이라고 할 수 있다.

핵심강점탐구(AI; Appreciative Inquiry) AI는 '조직의 역량을 극대화 시키는 핵심적 긍정요소(positive core)를 바탕으로 조직성과를 개선하는 변화관리법'으로 정의된다. AI는 David Cooperrider(1987)에 의해서 처음으로 제안되었다. Cooperrider는 조직은 조직의 생애(life of organization)에서 다양한 핵심적 긍정요소(core positive)를 가지고 있으며, 핵심적 긍정요소들을 바탕으로 조직관리 시스템이 운영되어야 조직발전과 변화관리가 순기능적으로 이루어진다고 주장하였다. AI는 조직변화를 위해 전통적으로 선호되었던 부정적 요소에 대한 반복적인 진단과 처방 대신에, 핵심적 긍정요소를 발견(Discovery)하고 꿈(Dream)꾸며, 디자인(Design)하고 이를 실현(Destiny)하는 과정을 선택한다.

1부

이사회 거버넌스란?

제1장

위대한 조직은
위대한 사람들로부터
시작된다

위대한 조직들은 위대한 사람들로부터 시작된다. 사람을 떠나서 조직은 속이 빈 깡통에 불과하다. 아무것도 알 수 없고, 아무 것도 할 수 없다. 사람들이 조직에 위대함을 불어 넣는 것이다.

한 성공한 리더가 말했다. "어떤 것이든 자기 스스로 작동할 수 있는 유일한 방법은 내려오는 것이다. 알아차렸는지 모르지만 나무들은 위에서부터 죽는다. 그 사실은 조직들에게도 적용된다."

짐 콜린스는 그의 책『비영리 분야를 위한 좋은 조직을 넘어 위대한 조직으로』(Good to Great and the Social Sectors)에서 위대한 조직의 공식을 제안하고 있다. (1) 적합한 사람을 버스에 태워야 한다. (2) 부적합한 사람은 버스에서 내려야 한다. (3) 최대의 효과를 얻기 위해 버스안 사람들을 배치해야 한다. 조직의 위대함은 모두 사람에 대한 것이다.

위대한 이사회 세우기

더 나은 이사회를 만들기 위해서는 다음의 자격요건을 가지고 현재 우리 조직의 이사들에 대한 객관적인 자기평가부터 시작해야 한다.

경쟁력 : 우리 이사들은 조직을 이끌어 갈 방향을 제시할 자질이 있는가? 자질이란, 이사들이 일하고 있는 현장에서의 전문성일 수도 있고, 재무적 지식, 입증된 리더십 및 인간관계 능력, 그리고 평범한 상식일 수 있다. 우리 조직의 이사들은 무엇을 알고, 또 할 수 있는가?

대표성 : 우리 이사회는 조직의 회원 혹은 구성원들을 얼마나 대표하고 있는가? 남성과 여성, 경험이 있거나 젊은 이사 그리고 인종과 종교의 다양성 등을 포함하고 있는가? 우리 조직의 후원자들이 이사회를 볼 때, 우리는 우리 조직의 이해관계자들을 잘 대표하고 있다고 말할 수 있어야 한다.

증명된 성과 : 이사들 중에 누가 이사회를 덜 중요하게 생각하고 있는가? 혹은 이사회 출석률이 낮은가? 죽은 나무를 품고 있는 것은 움직일 수 없는 책상만이 아니다. 그것은 조직에 부정적이고, 최고 조직 수준에서 부족한 성과를 용인하고 있다는 것을 나타내고 있다.

> 이사선임위원회는 이사회에서 가장 중요한 위원회이다.

이러한 자체평가가 이루어진 후에 우리는 발견한 내용들에 대한 조치를 해야 한다. 대개 이사추천위원회로도 알려진 이사선임위원회에서 이 일을 맡는다. 이 소위원회는 우리 단체의 미래의 목적달성에 열쇠를 지니고 있는 이사회를 위한 가장 중요한 위원회이다.

자주 받는 질문은 "이사회의 숫자가 몇 명이 되어야 하는가?" 이다. 이사회가 너무 크면 일하기가 힘들다. 중소규모의 단체에서는 7명에서 9명이 적당하다. 12명 정도까지도 괜찮지만, 그 이상 넘어가면 관리하기 힘들다. 다양한 회원들이 속한 조직들은 이사회의 대표성을 위해서리도 대규모 이시회를 구성해야한다는 압박을 느낄 수 있다.

이사 후보 리스트를 만들고 두 번 확인하라

우리 이사회가 몇 명의 이사가 필요한지, 어떤 전문성이 필요한지, 그리고 대표성을 충분히 충족시키고 있는지를 결정한 다음에야 이사후보 리스트를 만들 준비가 된 것이다. 이사선임위원회가 이 과정을 주도해야 한다. 그물을 넓게 던져서 부정적인 소문이 없고, 좋은 명성과 지위를 가진 사람들을 찾아보라. 물론 단체의 대표가 후보를 추천할 수 있다. 그러나 나는 대표의 친구들로 이사회를 구성하는 것에는 반대한다.

> 이사의 해임은 불만족스러운 직원을 내보내는 것보다 어려운 일이다.

두 번째 단계로 1차 후보명단에서 유력한 후보명단을 분류한다. 유력한 후보가 3명을 넘지 않도록 하고 이들을 철저하게 평가한다. 이사회는 이사 선발과정을 다시 시작할 필요가 있거나 미래를 위해서 최종후보 목록에 들지 못한 후보명단을 기록으로 보관해야 한다.

선정과정의 철저함은 후보가 얼마나 잘 알려졌는가에 달려있다. 잘못된 선택은 이사회운영에 혼란을 불러 일으키고, 사람들의 마음속에 의문을 제기할 수 있다. 이사 해임은 불만족스러운 직원을 내보는 것보다 어려운 일이다. 새로운 이사를 선임하기 위해 누군가를 바꾸고자 한다면, 최대한 공감을 얻어야 한다. 이사회는 자신들이 잘 알지 못하는 누군가를 선발하면서까지 빈 자리를 채워야한다는 압박감에서 벗어나야만 한다.

잘 알고 있다고 생각하는 후보조차도 과거에 어두운 면들이 있을 수 있다. 신중한 개인적인 점검은 꼭 필요한 것이다. 최소한 우리는 구글검색, 경찰기록조사 그리고 인터뷰를 할 수 있다. 전혀 알려지지 않은 사람들은 더 철저하게 포괄적으로 실수없이 개인적인 인터뷰를 수행해야 한다.

신중하게 요청하라

이사후보 선택을 마쳤다면, 다음 단계는 긍정적인 반응의 가능성을 높이는 방식으로 후보를 소개 제안해야 한다. 후보자가 이사직을 수락하기 전까지는 모든 것이 조사절차이다. 경험에 의하면 이사직에 적합한 사람이 알맞은 때에 적절한 방법으로 요청을 받았을 때 수락가능성이 실질적으로 높아진다는 것이다.

> 이사직 요청
> 타이밍은
> 중요하다.

이사직을 요청하는 타이밍은 중요하다. 수술을 앞두고 있거나, 지금 막 중요한 직업변경을 한 사람에게는 요청하지 말라. 세금으로 바쁜 기간에 회계사에게 재무이사가 되어달라고 요청하지 말라. 이사직 요청 타이밍은 중요하다.

또한 요청하는 방식에 주의해야한다. 지나치게 가벼워서는 안 된다. 이사직은 정중하게 요청할 가치가 있다. 항상 직접 만나서 요청하고, 전화나 이 메일로 수락요청을 해서는 안 된다. 적어도 식사 혹은 차 한 잔 하면서 요청하라. 어떤 경우에 골프장에서 이루어지기도 한다. 어떤 방식을 선택하든지, 긍정적인 답변을 얻을 수 있는 절차를 설계하라.

마지막으로 누가 요청을 할 것인가를 정한다. 내가 최근에 참석한 모임에서 한 멤버가 "그 후보는 나에게 빚이 있으니 내가 요청하겠습니다."하고 하면서 자원했다. 그는 이사회를 대신해서 요청했고 성공했다. 때로 신세를 주고받는 방식은 작동한다. 만약 우리가 정말 중요한 후보를 선택하고자 한다면, 이사장에게 요청을 부탁하라. 이것은 그만큼 중요하다는 것을 후보에게 전달하는 것이다.

> 좋은 이사는
> 큰 도전에 반응한다.
> 작은 미끼는
> 작은 고기만을
> 낚을 뿐이다.

어떤 과정에서든지 우리는 이사직 수락 가능성을 높이기 위해서 이사직을 쉽게 만들지 말아야 한다. 결국 열정없는 이사를 위한 자리를 만들어줄 뿐이다. 좋은 이사는 큰 도전에 반응한다. 작은 미끼는 작은 고기만을 낚을 뿐이다.

후보자와의 만남 후에는 이사직 초청에 관한 내용을 정리해서 편지를 보냄으로써 후속조치를 하라. 후보자 요청에 응답하기 전에 우리의 호의를 계속 보여주어야 한다.

이제 새로운 이사를 선임하라

신임이사가 선임되면, 우리는 한 가지 더 해야 할 일이 있다. 신임이사가 우리 단체에 기여하는 이사가 되도록 돕는 것이다. 종합적인 신임이사 오리엔테이션은 간단하고 빠른 방법처럼 보인다. 이사장과 단체 대표는 신임이사를 만나서 신임이사의 관심사와 재능이 있는지 이야기할 필요가 있다. 신임이사에게 최근 이사회 회의록과 정관사본 등 이사회매뉴얼을 포함한 자료집을 제공할 필요가 있다. 신임이사는 단체의 역사와 현재 이슈들에 대해서 설명을 들을 필요가 있다. 이 시기는 단체문화와 사업수행 방식의 변화에 영향을 줄 수 있는 좋은 기회이다. 이제 우리 이사회가 완전히 구성되었고, 이제 사업을 계속해나갈 준비가 되었다. 그러나 이사회가

| 이사회는 경영진과 구별되는 거버넌스 역할을 이해해야 한다. |

경영 역할과 거버넌스 역할의 차별성을 이해해야만 효과적인 이사회가 될 수 있다. 이 주제는 2장에서 다룰 것이다.

부록-1(167쪽) 이사회 자가 평가표를 사용해서 우리 이사회의 독특한 상황에 맞게 평가해 보라.

❓ 토론질문

• 우리 이사회의 이사자격에 필요한 경쟁력은 무엇인가?
• 우리 이사회는 멤버와 후원그룹을 대표하고 있는가?
• 우리 이사회를 강하게 유지하고, 이사들의 임기격차를 피하기 위한 승계 계획이 있는가?

제2장

이사들은
거버넌스 역할이 무엇인지
알아야 한다

비영리단체는 두 부분으로 구성되어 있다. 거버넌스는 이사회의 책임이고, 경영 혹은 운영은 대표의 지휘 아래 실무운영진에게 위임되어 있다. 이사회는 효과적으로 책임을 충실하게 수행하기 위해 이 차이점을 이해해야만 한다. 이것은 27쪽 그림에서 설명하고 있다.

경영진 중심의 모델

이 경우 이사회는 최소의 역할을 한다. 실무운영진은 위임 여부에 상관없이 대부분의 기능을 수행한다. 이사회는 실무운영진에 의해 준비된 보고서와 예산안, 그리고 계획들을 심의한다. 이사회는 기본적인 자문역할을 한다.

실무운영진이 단체의 주인의식을 갖고 있다. 그래서 이사회는 일반적으로 보고 받고, 이사회가 법적으로 요구되는 문서를 의무적으로 승인하는 일을 한다. 그 이상 이사회의 역할은 미미하다.

이사회 중심의 모델

이 모델에서는 이사회가 주도적이다. 이사회는 모든 주요결정들을 할 수 있고, 때로는 경영의 영역에 깊이 관여한다. 이사회 스스로 적극적으로 참여하는 것에 대해 자부심을 갖는다. 이러한 모델은 마이크로 관리라는 비판이 있다. 실무운영진은 이사회가 말하는대로 수행한다. 의사결정에서 주요한 역할을 기대하기 어렵다. 사실 그렇지 않을 때 일들은 더 좋아진다.

협력 모델

이사회는 단체의 비전과 사명을 정하는 것을 통해서 수탁자로서의 역할을 수행한다. 단체의 대표(CEO)가 위임받은 실무운영 범위를 정하는 기본적인 정책에 따라 단체를 운영하도록 위임하는 것이다. 이사회는 대표의 경영성과를 평가하고 매년 직원들이 참여하는 프로그램 운영 평가를 수행한다.

경영진은 이사회에 책무성이 있다. 그것은 이사회에서 제시한 조건에 따라 프로그램을 수행할 책임을 진다는 의미이다. 대표는 단체가 어떻게 돌아가는지 계속해서 이사회와 의사소통을 해야 한다. 또한 대표는 중요한 결정을 해야 할 필요가 있을 때에 이사회의 승인을 얻기 위해 제안을 한다.

이것은 단순하고 명확해 보이지만 경험에 비추어볼 때 거버넌스와 경영의 이러한 중요한 차이는 불분명하고, 혼란스러울 때가

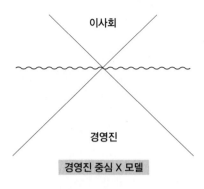

경영진 중심 X 모델

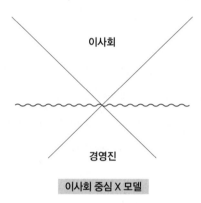

이사회 중심 X 모델

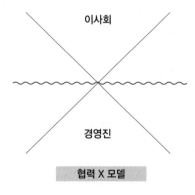

협력 X 모델

있다. 이사회가 이 특징들을 이해하고 지속적으로 따르면 경영이 무엇인지 정의하는 것이 훨씬 쉬워진다. 이러한 차이의 중요성이 너무 지나치게 강조될 필요는 없다. 다만 이것은 조직 효과성의 첫 단계이다.

분명한 것은 거버넌스와 경영 둘 다 필요하다는 것이다. 둘은 서로 보완적이고, 파트너이다. 독일 속담에 "한 손으로 다른 손을 씻는다."는 말이 있다. 이 두 가지 조직의 기능을 구분하는 선은 돌로 만든 벽으로 생각해서는 안 된다. 아래 그림에서 구불구불한 선은 변화가 가능하다. 이것에 대해서는 나중에 더 이야기하겠다.

내가 이야기한 구별은 이사들이 빅 X라인 아래의 경영활동에 참여하는 것을 배제하지 않는다. 이사는 연례 기부금 모금행사에서 자원봉사를 할 수 있다. 그런 경우 이사는 단체의 직원의 지시에 따라 자원봉사자로 섬기게 된다. 이런 상황에서 이사는 이사로서의 권한이 없다. 실제로 이사의 권한은 이사회가 진행되는 동안에만 적용된다고 보아야 한다.

거버넌스와 경영은 서로 보완적이다. 이러한 구별을 만드는 책임은 먼저 이사회에 있다. 이사회가 이러한 차이를 지지할 때, 경영진은 자신을 정확하게 규정하기 쉽다. 이사회가 거버넌스의 책무를 다하지 못하거나 경영에 지나치게 관여하게 되면 그 결과는 큰 혼란과 중복된 수고만 가져다준다.

이사회와 경영진 사이의 역할을 구분하라

거버넌스와 경영 사이에 존재하는 구별을 확립하면서 이 구분이 일상적으로 어떻게 이루어지는지 이제 더 구체적으로 설명해 보자. 다시 말해 무엇이 이사회의 안건이고 무엇이 대표의 권한인지를 어떻게 결정하느냐는 것이다.

> 국제 해비타트 이사장이었을 때 감독관으로 4건의 Jimmy Carter blitz 건축사업에 참여했다. 나는 현장감독이 누구였든지 그의 지시를 받았다. 다른 모든 사람들과 마찬가지로 나는 자원봉사자였다. 내가 이사장이라고 해서 특별한 대우를 받았던 것은 아니다. 건축사업은 이사회 일이 아니었다.

법적으로 권한과 자산을 모두 포함해서 회원들이 단체의 주인이다. 회원들이 이사들을 선출하고 단체가 존재하기 위해 필요한 기능을 충족시킬 권한과 책임을 부여한다. 그리고 이사회는 이사회의 지시에 따라 일하는 대표를 고용한다.

한 문단으로 간단히 설명했지만, 이러한 관계들은 많은 단체들의 조직 내 분쟁과 오해의 주제이다. 긴장과 불확실성은 이사회가 얼마나 많은 의사결정 권한을 갖고 있느냐 그리고 이에 따라 무엇을 경영진에게 위임하는 것에 달려 있다.

많은 이사회는 권위의 문제가 간과되거나 잘못 취급되고 있다는 것을 제대로 인식하지 못하는 것 같다. 마찬가지로 많은 대표들은 그들에게 기대되는 것과 그들의 권한의 한계에 대한 분명함 없이 대표의 역할을 수행하게 된다. 결국 진공상태에 빠지거나 의도한 것 이상으로 역할을 확대하여 이용하는 위험에 빠지게 된다. 이사회와 대표의 상호책임은 가끔 헛발을 내딛는 춤에 비유할 수 있다. 27쪽에 그림으로 설명되어 있다.

이사회와 경영진의 책임에 대한 경계선을 나누는 것은 각 단체의 이사회가 스스로 정해야할 일이다. 대부분의 조직에서는 어떤 상황에 맞닥드렸을 때 한다. 그러나 신중한 검토가 있어야 한다. 그럴 일은 없겠지만, 자동적으로나 파워게임으로 정해져서는 안 된다. 어떤 그림이 나오든지 가장 중요한 것은 그 책임선이 실제로 일관성을 유지해야 한다. 이사회가 이렇게 하자 저렇게 하자 하면서 게임하듯 태도를 취하는 것은 부당하다.

또한 두 관계가 발전함에 따라 경계선이 적절하게 움직이는 것을 이해해야 한다. 경험이 많은 실무대표가 경험이 적은 사람보다는 더 많은 권한을 갖게 될 것이다.

이사회가 먼저 자체적으로 책임을 정한 후에 이사회의 지시를 수행하기 위한 경영진의 역할을 정의할 준비가 된다. 이제 이사회가 자리를 잡고, 운영과 관련된 역할이 정해지면, 우리는 이사회의 여섯 가지 임무에 대해 이야기할 준비가 된 것이다.

❓ 토론질문

- 우리 이사회는 경영과 구분된 거버넌스를 이해하고 실행하고 있는가?
- 우리 이사회는 이사회와 경영진 사이의 역할과 구분을 정기적으로 리뷰하고 새롭게 수정하는가?
- 이사회와 대표(CEO)는 효과적인 파트너십으로 역할을 하고 있는가? 자신들의 각각의 역할과 서로의 역할을 이해하고 존중하는가?

2부

이사회의 역할과 책임

멋진 일을
좋은 일을 바르게
멋지게

제3장

첫 번째 임무-목적 정하기

조직은 목적을 위해 존재한다. 목적이 없는 어떤 조직이 있다면 바퀴 없는 자동차와 같다. 이사회의 첫 번째 임무는 목적을 정하고 그것을 분명하고 매력적인 용어로 기술하는 것이다. 목적선언문은 이사회가 조직의 회원이나 이해관계자를 대신해서 주어진 수탁범위 안에서 달성하려고 하는 것이다. 이사들은 다음의 세 가지 기본적인 질문들을 가지고 이 과정을 시작할 수 있다.

우리 단체의 회원들과 이해관계자들은 무엇을 기대하는가?

일 잘하는 이사들은 좋은 안테나를 가지고 있다.

그들은 왜 우리의 노력을 지원하는가? 이러한 기대들은 서면으로 거의 언급되지 않지만 단체의 회원과 이해관계자들은 그러한 기대들을 가지고 있고, 기대를 가질 자격이 있다.

이사들은 이러한 기대들에 대해 열려 있어야 한다. 일 잘하는 이사들은 좋은 안테나를 가지고 있다. 이사들은 밑바닥으로부터 들리는 소리에 귀를 기울일 줄 알아야 한다. 이사들은 회원들이 지지하는 일과 지지하지 않는 일이 무엇인지, 그들이 가치를 두는 일이 무엇인지, 그들이 용납하지 않을 것이 무엇인지, 그리고 누구를 선출할지를 귀 기울여야 한다.

기대는 시간이 지남에 따라 변할 것이고, 이사들이 반드시 회원들을 교육시킬 경우가 생긴다. 그러나 결국에는 조직의 구성원들이 그 활동을 이해하고 후원하는 경우에만 조직은 실행 가능하다.

우리는 무엇을 해결해야 하는가?

이 질문은 피터 드러커(Peter F. Drucker)의 수사적 질문에 대답하는데 도움이 될 것이다. "우리의 사업은 무엇인가?" 이사회는 프로그램 구성을 이끌어 주는 단체의 비전과 사명에서 이 질문에 대답할 것이다. 성공하는 조직은 비행기 조종사가 목적지를 향하듯이 항상 정의된 목적이 있다.

미국과 캐나다는 분명한 필요에 집중해서 사업을 하는 백만 개 이상의 비영리단체가 있다. 그 것들이 학교들과 병원들만 아니라 지붕다리 보존협회 등 다양 할 수 있다. 이사들은 그들이 필요하다고 느끼는 특별한 필요를 찾아내야 한다. 그 필요는 단체의 회원의 기대와 일치해야 한다.

우리의 자원은 무엇인가?

우리는 이 요구들을 의미 있게 해결하기 위해 직원, 돈, 또는 다른 자원들을 통해 무엇을 얻을 수 있을까? 우리가 무엇을 알고 있고, 무엇을 할 수 있는가? 단체들은 모든 사람에게 모든 것이 되고 싶

은 유혹 즉, 인기 있는 명분을 쫓아가거나, 스스로 과대 혹은 과소
평가하려는 유혹과 싸워야 한다. 자신의 역량이나 자원을 벗어나
서 활동을 수행하는 단체들이 할 수 있는 일은 없다.

> 조직은 모든
> 사람들에게 모든 것이
> 되고자 하는 유혹을
> 물리쳐야 한다.

이러한 기본적인 질문들에 대해 답을 함
으로써 이사회는 보다 깊고 세밀하게 비
전과 사명 그리고 가치에 대한 문제를
다루게 된다.

　비전은 단체가 존재하는 목적을 설명하는 것이다. 더 중요한 것
은 단체가 되고 싶은 것이다. 비전은 아직 이루어지지 않은 것이지
만 그렇게 될 수 있고, 될 수 있어야만 한다. 비전은 현상유지를 배
격한다. 비전은 단체가 오래된 일상에서 벗어나게 하고, 존재해야
하는 이유를 제공해준다. 로버트 브라우닝의 말처럼 "천국이 무엇
인가? 사람의 손길이 닿는 범위를 넘어서는 것 아닌가?" 비전선언
문은 전략적이다. 비전선언문은 일상을 넘어 성장할 무엇인가를
나타낸다.

　단체의 비전을 정의할 때, 일상적인 한계와 방해를 제쳐두고 가
장 원하는 것이 무엇인지 상상하는 것이다. 가장 좋은 비전선언문
은 선명하고 간결하다. 비전선언문이 채택되고 나면 그것은 단체
의 활동들이 측정되어지는 기준이 된다.

> 가장 좋은
> 비전선언문은
> 선명하고 간결하다.

비전을 세우는 과정에서 우리는 "우리
가 감당할 수 있을까?"라는 보편적인 질
문에서 자유로와야 한다. 대신에 "우리
가 지금 무엇을 하고 싶은가 혹은 그렇게 되고 싶은가?"라고 질문
해야 한다. 그리고 그런 일이 일어나도록 모든 노력을 기울이는 것

이다. 사람들은 매일 그 비전을 위해 일한다. 그것이 조직의 세계가 바뀌는 방법이다.

어떤 경우에 나는 신문의 스포츠 페이지에 최고의 철학이 있다고 생각한다. 헤일 메리의 패스로 경기에서 이긴 NFL 축구 현상을 이렇게 말했다. "믿으면 믿을 수 없는 일이 일어날 수 있다."

평균적인 이사회는 백미러 주변에 그들 자신을 맞춘다. 선례가 그들에게는 중요하기 때문이다. 이사회는 현미경으로 모든 것을 조사해서 실수를 피하고 싶어 한다. 위대한 이사회는 망원경으로 지구 저편에서 무엇을 할 수 있을까를 내다보고 묻는다.

> 비전이 별들을 향한 것이라면 사명은 지금 여기에 기반을 두고 있다.

사명은 조직이 스스로 책임지고 하려고 하는 일이다. 사명은 분명하고 설득력 있는 그리고 성취가 가능한 목표여야 한다. 비전이 꿈이라면 사명은 책임이다. 이것이 우리가 할 일이다. 비전이 별들을 향한 것이라면 사명은 지금 여기에 기반을 두고 있다. 조직들은 멀리 떨어진 목표를 정의하는 비전과 그 비전을 실현하는 수단으로서 목표를 겨냥하는 사명 이 두 가지가 필요하다.

조직은 자신이 알고 있고 이미 하고 있는 일들에 갇히는 경향이 있다. 세상의 도전적인 현실은 우리가 하고 있는 일에 익숙해지도록 하는 것이다. 그것은 위험한 일이다. 생존을 위해 조직의 리더들은 민첩하지만 낮은 자세를 가질 필요가 있다. 조직이 늙어가거나 정체되고 있을 때, 근본적인 변화를 요구받게 된다. 위대한 조직들은 변화가 필요한 시점에 변화한다. 변화를 거부하는 조직들은 사라지게 된다. 그것은 단순하다.

한 정신 건강 시설이 성공적인 입원 치료 프로그램을 운영했다. 프로그램이 외래환자치료에도 적용되고, 위성 진찰실로도 옮겨갔다. 현실 시장을 반영하여 방식을 조절했던 것이다. 낡은 방식을 유지하던 조직들이 궁지에 몰리는 동안, 그 시설은 번창했다.

비전선언문은 우리가 원하는 전략적인 목표를 정하는 것이다. 사명은 연간사업계획을 수행하는 것이다. 이 두 가지 기본적인 선언문은 경영진의 참여 가운데 이사회가 함께 작성한다.

핵심가치들은 어떻게 목표가 성취되는지 알려준다. 위대한 조직들은 일을 끝내는 것에 관심을 가질 뿐 아니라, 선언된 가치와 일치하는 방식으로 일하기를 원한다.

분명하고 설득력 있는 목적의식은 조직에 위대한 일을 할 수 있는 에너지를 공급한다. 여행이 목적지로부터 시작된다고 하면, 조직은 자신이 존재하는 목적을 알고 시작하는 것이다.

❓ 토론질문

- 우리 이사회는 분명한 목적이 존재하는가? 그 목적은 다음과 같은 형식으로 분명하고 간결하게 표현되어 있는가?
  비전선언문 – 우리 단체가 되고 싶은 것
  사명선언문 – 우리 단체가 스스로 성취하겠다고 하는 것
  가치선언문 – 우리가 일하기로 약속한 가치
- 이사회가 심의할 때 이 선언문들이 논의되었는가? 이 선언문들이 의사결정에 영향을 주는가?
- 이 선언문들이 주기적으로 검토되고, 상황의 변화에 따라 수정되는가?

제4장

두 번째 임무 - 목적을 달성하는 기획

기획은
현재와 미래를
연결하는 것이다.

이사회가 존재하는 목적을 명확히 한 후에는 이 목적을 달성하기 위한 계획을 세워야 한다. 비전과 사명선언문은 그것들을 실행하기 전까지는 멋진 문구에 불과하다. 기획은 현재와 앞으로 되어야 할 것을 연결시키는 것이다. 기획은 미래로의 길이다. 기획은 이벤트가 아니다. 기획은 잘 정의된 사명에 부합하지 않는 것들을 제거하면서 무엇이 잘 작동하는가를 찾아내고, 그 위에 세워가는 지속적인 과정이다.

기획은 모든 이사회의 일상의 한 부분이 되어야 한다. 성공적인 이사회는 불필요한 긴급성을 나타내는 일상적인 사업을 제쳐놓고, 목적을 실현할 계획을 세우는데 집중한다. 이것은 결단과 훈련이 필요하다. 위대함으로 가는 길에 필요한 단계이다. 단체들은 해야 할 일이 있으며 계획을 세워야 한다.

이 장은 책의 대부분과 마찬가지로 중간규모의 단체를 가정한다. 기획은 특정조직의 규모, 역사 그리고 고유한 환경에 맞게 조정해야 한다.

장기 계획

> 기획은 현실에서 꿈을 실현하는 것으로 생각할 수 있다.

단체들은 장기적인 전략계획과 연간사업계획 두 가지 모두 필요하다. 장기계획은 오늘 가능한 것 이상으로 그리고 지금까지 상상했던 것까지를 목표로 한다. 이 장기계획은 그것을 수행할 능력 이전에 필요를 식별하는 것이다. 그 계획은 지금까지 도달할 수 없었던 것을 생각하게 해 주고, 그것을 실현하기 위해 모든 노력을 기울이게 한다. 기획은 현실에서 꿈을 실현하는 것으로 생각할 수 있다.

비전기획은 현재 상태를 벗어나게 한다. 그것은 조직을 따분한 일상으로부터 해방시키려고 하는 열정을 가지고 있고, 조직이 존재하는 이유를 제공한다. 비전은 미래에 초점을 맞추고 있다.

대부분의 조직들은 현재와 과거에 머물러 있다. 나는 "이사회의 영역"은 "조직의 미래"라고 말하고 싶다. 만약 운이 좋아서 단체들이 백만 달러를 기부 받았다면, 대부분은 그 돈으로 무엇을 해야할 지 모른다. 단체들은 조금씩 생각하고 계획한다. 단체들은 당장 앞의 것 이상의 비전을 갖고 있지 않다. 그들의 기획기간이 너무 짧다. 도달범위가 손이 닿는 거리를 넘어서야만 한다.

연간계획 (Annual plan)

장기계획이 비전이라면, 연간계획은 책임이다. "이 사업은 우리가 할 것이다." 연간사업계획은 장기계획에서 도출되고, 그것을 수행하는 프로세스이다. 바쁘기에 충분하지 않다. 모두가 바쁘다. 연간

> 장기계획이
> 비전이라면,
> 연간계획은
> 책임이다.

사업계획은 좋은 의도 그 이상의 것이다. 조직들은 그들이 달성하고자 하는 것에 대해서 구체적이어야 한다. 연간사업계획은 비전이 실현될 구체적인 목표와 활동을 설정한다. 연간사업계획은 무엇을 할 것인지(결과), 누가 할 것인지, 어디서, 어떻게, 언제까지, 그리고 무엇을 할 것인지를 나타낸다. 진행상황을 모니터링하고 측정할 수 있다.

누가 계획하나?

간단한 대답은 조직의 모든 사람이 자신의 위치에서 계획한다. 기획이 조직의 서열에 따라 이루어지면, 기획범위가 넓어지고 기간도 길어진다. 정책 거버넌스의 대가인 존 카버는 다양한 그릇을 쌓

> 조직의
> 모든 사람이
> 자신의 위치에서
> 계획한다.

는 비유를 좋아한다. 이사회는 큰 그릇이다. 이사회의 기획은 모든 것을 아우른다. 그 다음은 약간 작은 그릇으로 경영진을 나타낸다. 그리고 계속해서 신입 직원을 포함한 모든 사람이 포함될 때까지 그릇을 쌓는 것이다. 이사회 차원에서의 기획과정에는 경영진이 완전히 참여해야 한다. 그것은 앞에서 언급한 빅 X 모델에 걸쳐 있는 것이다. 경영진은 수많은 문제들을 이사회에 사실상 보고한다. 그래서 경영진은 기획회의에 참여해야만 한다. 그러나 결국 거시적인 계획에 대한 최종 결정은 이사회에 달려 있는 것이다.

기획하기

비전은 꿈과 상상의 요소를 가지고 있는 반면에 연간계획은 지금 여기에서 시작해 공감된 미래를 향해 세워 나간다. 기획을 위한 연습은 다음의 과정을 거친다.

1. 비전과 사명선언문의 내용들을 철저하게 검토하라. 단체가 이루고자 하는 비전과 수행하기로 한 사명을 분명하고 설득력 있게 나타내고 있는지 살펴보라. 아마도 이 선언문들은 수정하거나 다시 써야 할 수도 있다. 비전과 사명선언문은 기획과 의사결정을 안내하는 북극성과 같다.

2. 우리가 사는 세상을 둘러보고 무엇이 필요한지 스스로 물어보라. 필요는 계속해서 바뀌고 있다. 세계가 디지털화되는 동안 아날로그시계를 계속 생산하는 스위스 시계 산업처럼 되지 말아야 한다. 일찍 변화를 인식하고 그에 따라 조정하라.

3. 단체의 현재 프로그램을 평가하라.(7장을 보라) 수요가 급증하고 있거나 확장되어야 할 사업은 무엇인가? 또한 불필요하거나 단계적으로

   > 위대한 조직들은
   > 필요가 이끈다.

   제거해야 할 것은 무엇인가? 순서를 기다리고 있거나 꼭 소개되어야 할 것은 무엇인가? 위대한 조직들은 필요가 이끈다. 그들은 변화를 주저하지 않는다. 변화를 이해하고 그에 맞는 프로그램을 수립한다. 때로는 어린 나무에 햇빛을 주기위해 오래된 나무의 가지를 치거나 잘라내야 할 수도 있다.

4. 항상 단체의 구성원을 염두에 두라. 그들이 무엇을 원하는가? 그들이 가치를 두고 있는 것은 무엇인가? 그들이 후원할 것은 무엇인가?

5. 마지막으로 당신이 알고 있는 것을 평가하라. 직원과 자원을 통해서, 이용가능하거나 얻을 수 있는 준비가 되어 있는지 평가하라.

기획에 참여하기

비영리 이사회는 구성원들의 기대를 전달할 책임이 있다. 거시적 기획과정은 경영진이 계획을 실행할 광범위한 경계를 설정함으로써 시작하는데 이 단계에서 이사회의 초점은 경영진이 어떻게 수행할 것인가를 떠나서 무엇을 달성해야 하는가에 있어야 한다. 그러므로 이사회 기획과정은 다음의 질문에 답함으로써 최고경영진과 긴밀한 협력에 의해서 이루어진다.

1. 현재 활동 중 활성화시켜야 할 것은 무엇인가?
2. 현재 활동 중 축소하거나 종료해야 할 것은 무엇인가?
3. 어떤 새로운 활동을 시작할 것인가?

다음으로 이사회는 프로그램을 위해 얼마의 돈이 필요한지 정하게 된다. 이 단계는 단지 하나의 숫자로 나타나지만, 중요한 단계 중 하나이다. 만약 이사회가 너무 야심에 차 있으면 그 결과는 혼란과 실망을 줄 것이고, 만약 너무 조심스럽다면, 조직은 가능한 일도 수행하지 못할 것이다. 지속적인 조직에서 이 숫자는 현재 예산의 백분율로 (위 또는 아래로) 표시된다.

이러한 범위 안에서 이사회는 대표의 감독 하에 연간사업계획을 수립하고 세부항목 예산을 완성하도록 승인한다. 또한 이사회는 언제 제안된 계획을 검토할지, 그리고 보고형식과 관련된 지침을 알려준다.

개인적으로 너무 많은 분량의 보고서보다 요약과 함께 시작하는 프레젠테이션을 좋아한다. 물론 조직의 규모에 따라 다르겠지만 자세한 내용은 필요에 따라 첨부 문서를 사용하면 된다. 계획은 평가가 가능하도록 충분히 구체적이어야 한다.

이어서 경영진은 수립된 계획을 이사회에 승인요청을 하게 된다. 이사회는 그 계획을 피상적으로가 아니라 가치 있게 받아들여야 한다. 연간계획은 다음 해에 조직의 자원들이 어디에 집중되어 사용될 것인지 알려준다. 이사회는 경영진이 제시한 계획을 수정할 권한이 있다.

이사회와 경영진 모두 최종 승인된 계획을 공유한다. 둘 다 초안 작성에 참여하고, 둘 다 계획을 완전히 수행하기 위해 최선을 다하게 된다.

역동적인 기획

아이젠하워 대통령은 "계획은 의미가 없고, 기획이 중요하다."라고 말했다. 기획은 변화하는 환경을 고려하기 때문에 역동적이다. 예를 들면, 5개년 계획이 5년 동안 지속될 것으로 기대하기 어렵다. 그 계획은 매년 검토되어야 하고 경험에 의해 제안된대로 변경되어야 한다. 단체는 항상 다년 계획의 첫 해에 있어야 한다고 말한다.

비슷한 맥락에서 톰 피터스는 너무 빈틈없는 계획을 갖고 있는 것에 대해 경고한다. 계획은 주인이 아니라 종이다. 우리가 계획에 속해 있는 것이 아니라, 계획이 우리에게 속해 있는 것이다. 계획은 적용되는 환경이 변화함에 따라 변경될 수 있고 변경되어야 한

단체는 항상
다년 계획의
첫 해에 있어야
한다고 말한다.

다. 그러나 거시계획의 맥락에서 활동은 항상 계획에 의해서 수행되어야 한다.

한 조직전문가는 말했다. "계획 세우는데 실패한 조직들은, 실패를 계획하는 것이다."

❓ 토론질문

- 우리 이사회는 미래의 비전을 실현하기 위한 장기계획을 갖고 있는가? 예를 들면, (   )년도까지 우리는 (   ) 할 것이다.
- 우리 이사회는 연간사업계획과 예산을 갖고 있는가? 그것은 제시된 비전을 실현하기 위해 평가할 수 있는 목표를 완수할 수 있는가?
- 우리 이사회의 기획과정은 경영진의 생각과 일치하는가? 경영진은 이 계획을 디자인하는데 참여했는가? 또한 계획의 실행에 최선을 다하고 있는가?

제5장

세 번째 임무 - 위임을 통한 목적달성

| 계획의 효과성은 계획의 실행에 다름없다. | 계획의 효과성은 계획의 실행에 다름없다. 이사들은 실행에 거의 관여하지 않는다. 이 사회는 무엇이 실현되어야 하는지 결정하 |

고, 대표의 감독 하에 경영진에게 실행을 위임한다. 소규모 신생단체의 경우에는 특별위원회에 실행을 위임할 수 있다. 그러므로 적절한 감독과 함께 효과적인 위임은 이사회의 의사결정들이 결과로 전환되는 과정이다.

대표의 역할

중, 대규모 단체의 모든 프로그램 관리는 대표의 사무실에서 나오거나 통과된다. 이 말은 왜 대표의 임명과 나머지 직원들과의 후속 관계는 누구에게도 뒤지지 않는다는 말을 설명하는데 도움이 된다.

> 대표의 가치는 대표가 어떻게 다른 사람들에게 협조를 요청하고 동기부여를 할 수 있는지에 달려있다.

대표는 이사회에 책임을 지는 유일한 사람이다. 다른 모든 직원과 자원봉사자들은 대표에게 보고한다. 실행대표의 가치는 대표가 얼마나 열심히 일하는지에 달려 있지 않고 오히려 대표가 어떻게 협조를 요청하고 동기부여를 할 수 있는지에 달려 있다.

훌륭한 대표가 자신의 직원들을 돌보는 것처럼, 훌륭한 이사회는 대표를 돌본다. 그렇게 함으로써 전체 조직에 좋은 모범이 된다. 지속적인 관계는 철저하고 신중한 업무분장으로부터 시작된다. 업무분장은 대표가 달성해야 할 책임을 말한다. 업무분장은 활동이 아닌 기대하는 성과에 중점을 둔다(이사회/대표 관계에 대한 평가는 7장[56쪽]과 부록-1[171쪽]에서 더 자세하게 살펴볼 수 있다).

정책가이드를 통한 위임

대표들은 광범위한 권한을 가지고 있지만, 모든 문제에 대해 최선을 다한다고 생각하면서 자유롭게 그 일을 할 수는 없다. 좋은 이사회는 대표가 재량권을 사용하는데 제한을 설정한다.

조직 거버넌스의 전문가인 존 카버(John Caver)는 간단히 "모든 이사회의 활동은 정책에 의해서 결정되어져야 한다."고 말한다. 어떤 이사회는 존 카버의 정책 거버넌스 모델을 채택해서 좋은 결과를 얻었다고 이야기하고 또 한편에서는 지나치게 복잡하다고 말한다. 내 관점에서 볼 때 정책 거버넌스 모델은 전문이사들이 함께 하는 대형조직에서 가장 잘 작동하는 것으로 보인다.

이사회는 단체가 성장하고 성숙함에 따라, 승인된 사업의 수행을 돕기 위해 일련의 정책을 채택함으로써 책임을 다하는 것이다. 정책은 경험을 바탕으로 현재와 미래를 위한 방향 제시로 보여야 한다. 어떤 사람들은 이것을 오해해서 대표를 꼼짝 못하게 만드는 것이라고 생각한다. 오히려 정책들은 예상되는 것과 허용되지 않는 것을 대표가 알도록 돕는다.

비밀은 조직에 적합한 중간지점을 찾는 것이다. 이사회가 너무 많은 정책들로 대표를 둘러싸게 되면, 대표는 효과적으로 일할 자유가 없다. 무엇보다 이사회가 과중한 부담을 갖게 된다. 강한 대표는 그것을 참지 못할 것이다. 강한 대표는 치욕적이라고까지 여길 것이다.

복잡한 문제들은 규정된 정책들에 적합하지 않기 때문에 개별적인 관심이 필요하다. 이사회가 그러한 문제들을 처리할 수 있는 능력은 이사회가 얼마나 효과적으로 움직이는가의 척도가 된다. 그들은 이사회가 필요한 이유 중 하나다. 이사회가 채택한 정책을 통해 이사회가 충분히 정의되지 않을 경우, 대표와 이사회는 불확실한 분위기에서 일하게 된다.

조직의 성숙

조직이 직면하는 어려운 도전들 중 하나는 환경의 성장과 변화에 대해 대응하기 위해 조직의 거버넌스를 조정하는 것이다. 이 시기를 성공적으로 통과하면 더 크고 더 나은 일들로 이어질 수 있다.

내가 즐겨듣는 음악방송에서 "모든 것이 한때는 새로운 것이었어"라는 가사를 들었다. 그렇다. 우리가 봉사하는 조직도 한때 새로운 것이었다. 단체들은 작게 시작한다. 그리고 성장한다. 그 과정에서 단체운영에 변화가 필요하다. 그렇게 하지 않으면 우리 대부분이 인정하고자 하는 것보다 더 일반적인 조직적 장애가 발생한다.

작은 것은 아름다울 수 있다. 그리고 큰 것은 항상 좋은 것만은 아니다. 단체의 초창기에 참여하는 것은 신나는 경험이 될 수 있기 때문에 소규모 신생단체로서의 열등감이 없도록 하는 것이 필요하다.

그럼에도 불구하고 단체의 크기는 이사회가 거버넌스 업무를 정의하는 방법에 중요한 고려사항이다. 소규모 신생단체들은 대규모 단체들과 다르게 돌보아야 한다. 이것은 특별히 기획과 위임에 관련이 있다.

비록 신생 단계의 조직에서도 어떻게 해야 하는 지와 무엇을 해야 하는 지를 구별하는 것이 가치가 있지만 신생 단계 조직에서는 빅 X 모델이 덜 적용된다. 그것들은 전체를 만드는 반쪽이다.

대부분 비영리단체들은 신나고 기분 좋은 분위기에서 출발하는데 이는 세상을 구하는 일이 될 것이다. 단체들은 무엇을 해야 할지 결정하고 열정을 갖고 일을 시작한다. 그들은 심지어 독일속담처럼 살고 있을지도 모른다. "모두 하고 싶은 일을 하고 있다. 아무도 해야 할 일을 하고 있지 않다. 그러나 모든 사람들은 열정적으로 참여하고 있다."

결국 새로움은 사라지고, 설립자는 피곤해지며, 아마추어 자원봉사는 더 이상 그 일을 해내기 어려워진다. 그래서 리더들은 위원회를 조직한다. 그리고 또 다른 위원회를 만들고 또 다른 사람들을 찾게 된다.

열정들이 희박해질 때, 누군가 "어쩌면 CEO가 그렇게 나쁜 생

> 대표를 채용하여
> 도약하는 것이 더 크고
> 나은 길로 가는
> 일종의 통과의례가
> 될 수도 있다.

각이 아닐 수도 있다."고 용감하게 말할 수 있다. 해비타트에서 대표를 채용하여 도약하는 것은 더 크고 나은 길로 가는 일종의 통과의례가 되었다(좌절과 실망

속에서도 일부 헌신적인 개척자들은 나중에 이 대표채용 이전시대를 "그 옛날 좋은 시절"로 그리워할 것이다).

단체가 성장함으로, 많은 역할들이 이사회(선 위)에서 경영진(선 아래)으로 이전된다. 이제 빅 X 모델이 나타나게 된다. 이사회는 더욱 감독의 역할을 하게 된다. 이것은 단체의 생애주기에서 도전적인 시기가 될 수 있다. 다른 종류의 리더십이 요구되기 때문이다. 이 전환기는 이사교육이 도움이 될 수도 있고 때로는 새로운 이사가 필요하기도 하다.

자원봉사 중심의 조직에 CEO를 소개하는 것은 그렇게 간단하지 않다. 자원봉사 이사들은 CEO를 위해서 그들의 역할에서 일정 정도 물러나야 한다. 이것이 항상 쉽지 않다. 그리고 혼란과 이중 수고를 가져올 수 있다. 불행하게도 첫 CEO는 너무 자주 희생자가 된다.

위임의 두 단계

위임의 첫 번째 단계는 실무대표가 승인된 계획을 실현하기 위해 직원과 함께 진행하도록 권한을 부여하는 것이다. 이 위임은 적절하고 필요한 지침들과 함께 이루어진다. 그리고 경영진이 자신들의 일을 하는 동안 이사회는 물러난다. 단 이사회는 간섭하지도 사라지지도 않으면서 관찰한다.

두 번째 단계는 감독하는 것이다. 이사회는 승인된 계획들이 실행되었다면 그것을 알 필요와 권리가 있다. 만약 그렇다면 원하는 결과를 얻었는가? 성과는 진행상황을 모니터링 할 때 이사들의 생각을 뒷받침 한다.

그 과정에서 많은 스타트업 단체들은 파산한 것처럼 보일 수 있다. 많은 프로젝트들이 결실을 맺기 전에 죽음의 계곡을 통과한다. 천천히 시작된 프로젝트가 시간이 지남에 따라 제대로 진행되는지 결정하는 것 혹은 쓸데없는 프로젝트이거나 중단해야 하는 경우는 이사회와 경영진이 요구하는 가장 어려운 결정 중 하나이다.

이 모든 것에서, 특별히 위임단계에서 이사회는 경영진과 협력하면서 가깝게 일해야 한다. 각자 서로의 역할을 알아야 하고, 서로의 역할을 존중해야 한다. 이사회와 경영진 모두 회원이나 구성원에게 약속한 계약을 이행하기 위해 최선을 다하고 있다.

❓ 토론질문

- 우리 이사회는 단체의 명시된 가치를 구현하기 위한 정책들을 통해 경영진에게 계획실행을 위임했는가? 경영진은 계획실행과 관련하여 특권과 책임을 알고 있는가?
- 우리 이사회는 충분한 정책을 갖고 있는가? 혹은 너무 많은 것은 아닌가? 그 정책들은 사용자 친화적인 목차와 함께 정책매뉴얼 형식으로 쉽게 접근할 수 있는가?
- 우리 이사회는 보고절차에 따라 진행 중인 상황과 그렇지 않은 상황을 적절하게 모니터링 할 수 있는 절차가 있는가?
- 이사회는 경영진의 역할을 방해하지 않고 감독 기능을 수행하고 있는가?

제6장

네 번째 임무 - 자원 조달하기

| 단체의 자원은
| 돈을 넘어선다.

계획을 실행하기 위해서는 자원이 필요하다. 일상적인 말로 돈과 사람이 필요하다. 내가 알게 된 최고의 재무담당자 중 한 명이 말했다. "돈이 첫 번째가 아니다. 하지만 두 번째에 있는 것보다 확실히 낫다." 전형적인 재무담당자의 말이지만 핵심이 있다. 돈은 중요하다. 그러나 단체의 자원은 돈을 넘어서 장부에 기록된 자산과 기록되지 않은 자산을 모두 포함하고 있다.

장부 자산

장부자산은 돈과 실물재산으로 구성된다. 많은 비영리단체가 돈을 거의 쓰지 않는 반면, 어떤 비영리단체는 자산이 수 십억에 달한다. 2010년 기준으로 미국에는 286억불의 수입이 있는 140만 개의 501(c)(3) 단체들이 있다. 그곳에서 일하는 1,370만 명의 직원들(미국 노동인구의 10%)외에 자원봉사자들이 얼마나 많은 시간을 기부했는지 아무도 알 수 없다. 이익을 추구하지 않는 섹터로서는 나쁘지 않다. 거기에 더해 30만 개가 넘는 교회와 대규모 상호부조 분야의 실질적 활동이 있다.

예산은 조직의 자원을 관리할 때 매우 필요하고 유용한 관리 도구이다. 예산책정을 통해 예상 수입이 승인된 계획에 필요한 자금을 조달할 수 있는지 예측할 수 있다. 모든 예산불균형은 수입을 늘리거나 비용을 줄임으로써 수정해야 한다.

> 이사회는 모든 재무활동을 신중하게 감독해야 한다.

펀드레이징과 회계일은 직원 혹은 이사회 소위원회에 위임될 것이다. 하지만 이사회는 승인된 계획을 수행하기 위해 자금을 사용할 수 있도록 보장할 책임이 있다. 필요한 자원 없이 계획 또는 예산을 승인하거나 그것들을 확보하기 위한 현실적인 계획이 없다면 무책임한 것이다.

일상의 돈 관리 기능은 경영진이 맡는다. 그러나 이사회는 모든 재무활동을 신중하게 감독해야 한다. 이사회는 일반적으로 다음 방식으로 관리한다.

1. 연중 적절한 재무보고와 함께 이사회가 승인한 계획에 따라 자금을 분배하는 연간예산 승인.
2. 필요에 따른 후속조치를 포함한 독립된 연간 재무감사
3. 보험 가입을 포함한 위기관리
4. 이중 서명이 필요한 수표로 모든 수입을 예치하고 모든 지출을 요구하는 신중한 현금흐름 관리절차

일부 단체는 관리가 필요한 상당한 투자계정이 있다. 이런 자금을 투자할 권한이 있는 사람들은 투자의 첫 번째 규칙이 돈을 잃는 것이 아니라는 억만장자 투자 전문가 워렌 버펫의 조언에 주의해야 한다. 두 번째 규칙은 첫 번째 규칙을 잊어버리지 않는 것이다.

비장부 자산

장부에 기록할 수 없는 자산들이 있는데 이는 눈에 덜 띄지만 보이는 자산보다 더 가치가 있을 수 있다. 나는 비장부 자산에 두 가지 종류가 있다고 본다.

> 능력 있는 직원을 채용하고 유지하는 능력은 좋은 것과 위대한 것을 구분한다.

직원 옛 격언이 잘 설명해주고 있듯이 "당신은 당신의 도움 만큼이다." 능력있는 직원을 채용하고 유지하는 능력은 좋은 것과 위대한 것을 구분한다. 이 책임의 대부분은 경영진에 있지만, 거기에는 이사회의 책임도 있다. 이사회는 다음의 실행방법을 의무화하여 책임질 수 있다.

- 활동뿐만 아니라 결과를 염두에 두고 작성된 모든 직책에 대한 **업무분장**. 무엇을 기대하는가?
- 관계를 설명하는 **보고체계**, 누가 누구에게 보고해야 하는가?
- 대표가 시작하고 조직 전체에서 사용되는 **연간 성과평가 절차**. 나는 성과를 높이기 위해 코칭접근법으로 업무분장의 모니터링을 보완하는 최근 방법에 관심이 많다. 얼마나 잘 하고 있는가?
- 모든 직원들을 위한 **개인적 성장계획을 포함한 급여 및 수당 규모**. 직

원들은 얼마나 많은 급여와 수당을 받는가?

- 최고의 조직에서도 상황이 잘못되었을 때 따라야 하는 **고충처리 절차**. 우리는 어려움을 어떻게 처리하는가?

- 그만두는 직원들을 위한 **퇴사인터뷰**. 좋은 직원이 조직을 떠나고 있다면, 좋은 이사회와 경영진은 왜 그런지 알고 싶어 한다. 이사회 혹은 소위원회는 퇴사인터뷰 보고서를 읽을 수 없다. 하지만 이사회는 인터뷰 절차가 적절하게 진행되도록 요구해야 한다.

훌륭한 이사회는 좋은 직원의 중요성을 알아야 한다. 또한 이 귀중한 자산을 인정하고, 대표와 함께 즐겁게 격려하는 직장환경을 조성하는 방법을 찾는다.

`이미지/명성` "명성이 큰 재물보다 낫다."라고 말한 솔로몬의 명언은 대중의 지지에 의존하는 비영리단체들을 위한 것이다. 실제로 명성은 신용카드보다 더 가치 있는 것이다. 명성은 여러 해에 걸쳐 얻어지지만, 한 번의 부주의한 행동으로 잃어버릴 수 있다.

> 명성은 여러 해에 걸쳐 얻어지지만 한 번의 부주의한 행동으로 잃어버릴 수 있다.

비영리단체가 좋은 일을 하는 것에 대해 침묵하는 것은 더 이상 미덕이 아니다. 건강한 자선단체들은 그들의 브랜드를 홍보하고 보호하기 위한 적절한 방법을 찾는다. 당신의 이미지를 구축하고 보호하고 이미지를 홍보하라. 그것은 공공 자선단체의 가장 귀중한 자산이다.

서비스의 유지 및 수행은 조직의 궁극적인 시험이다. 서비스를 위해서 조직은 생존해야 한다. 조직의 생존을 위해 서비스는 계속

되어야 한다. 생존은 그냥 얻어지는 것은 아니다. 건강하기 위해서 조직은 성장해야 한다. 그들은 할 수 있는 명성을 쌓아야 한다. 사람들은 돈을 원한다. 진부함, 나태함, 무관심은 전염병처럼 피해야 한다.

> 계획은 그것을
> 이루기 위한 자원이
> 동반되는 경우에만
> 의미가 있다.

도덕, 팀워크(Teamwork), 충성, 신뢰 그리고 선의의 가치는 무엇인가? 이런 것들은 이사회에서 시작된다. 자원을 제공하지 않고 웅대한 계획을 채택하는 것은 아무런 목적이 없다. 계획은 그것을 이루기 위한 자원이 동반되는 경우에만 의미가 있다. 이것은 이사회와 경영진의 협업을 위한 또 다른 영역이지만, 궁극적으로 책임은 이사회에 있다.

❓ 토론질문

- 이사회는 계획을 수행하는데 필요한 자원을 확보할 수 있는 시스템을 갖추고 있는가? (제15장 모금에서 이사회의 역할을 보라)
- 우리 이사회는 장부와 비장부 자원에 대한 선한 청지기 역할을 보여주고 있는가?
- 우리는 우리단체의 브랜드를 충분히 보호하고 홍보하고 있는가?

제7장

다섯 번째 임무 - 성과 모니터링 및 평가

대중으로부터 후원을 받는 모든 조직은 크든 작든, 종교적이거나 세속적이거나, 신생이거나 오래되거나 조직의 성과를 평가할 의무가 있다. 이사들이 계획하고 위임한 다음 사라지는 것으로 충분하지 않다. 이사들은 수탁 역할을 기억하면서, 회원들과의 계약을 이행하고 있는지 계속 자문해야 하는 것이 올바른 것이다.

성과를 모니터링하고 평가하는 것은 가장 일반적으로 소홀히 하는 이사회 업무이다. 그것들은 또한 이사회의 가장 기본적인 임무 중 두 가지이다.

왜 많은 이사회는 평가를 소홀히 하는가?

1. 그들은 자기만족적이고 평가의 유용성에 대해 회의적이다. "우리가 왜 평가해야 하나?" "무엇을 성취하기 위해서 평가를 하는가?" "모든 일이 잘 진행되고 있다." "만약 잘못되지 않았다면 고치지 말라."

2. 그들은 어떻게 평가를 해야 하는지 모른다. "기본적으로 주관적인 활동에 대해 어떻게 객관적인 가치를 두어야 하는가?" "이익보다 손해를 줄 수 있다." "그냥 놔둬라."
3. 그들은 시간에 쫓기고 있다. "나는 반대하지 않지만 그런 학문적인 활동을 할 시간이 있는가?" "처리해야 할 안건이 꽉 차 있다." 평가는 우선순위가 아니다.

그렇다면 우리는 어떻게 주관적인 활동에 객관적인 가치를 부여할 것인가? 어떤 것들은 수량화할 수 있지만, 모두 그렇게 할 수 없다. 『좋은 기업을 넘어 위대한 기업으로(Good to Great)』에서 짐 콜린스(Jim Collins)는 "우리는 기업에서 할 수 있는 방식으로 사회부분에서 성과를 측정할 수 없다고 말하는 것은 단지 훈련이 부족하다는 것이다." 최소한 기준을 설정하고 조직의 이전 성과와 비교하여 스스로를 측정할 수 있다. 다른 사람들은 "나쁜 평가가 실망스럽지 않을까?"라고 묻는다. 반대로, 측정(평가)에 실패하면, 우리는 사업의 진행상황을 추적할 방법이 없고, 그것이 낙담의 전조가 된다.

위대한 이사회는 스스로 평가한다

이사회는 세 가지 분야에서 평가되어야 하는데, 나는 가장 중요하면서 이사회가 수행할 가능성이 가장 낮은 것부터 시작할 것을 제안한다. 그것은 이사들 자신의 성과를 스스로 평가하는 것이다. 이사 회의실에서 무기력은 바이러스처럼 퍼진다. 이사회가 운전 중에 잠들면, 전체 조직은 깊은 잠에 빠져있거나 졸게

> 이사 회의실에서
> 무기력은
> 바이러스처럼 퍼진다.

된다. 기억하라. 조직은 나무처럼 위에서부터 죽는다. 이사회는 되돌아보는 평가와 내다 보는 기획을 위해 전체 회의를 마련해야 한다. 이는 연중 가장 중요한 회의가 될 수 있다. 어떤 이사회는 리트릿 형식으로 평가회의를 하는 것을 선호한다. 이사회의 성과 평가를 돕기 위해서 부록-1(167쪽)을 사용해 보라. 여러분의 단체에서 사용하기 위해 표를 수정해보라. 성과를 비교할 수 있도록 기본적으로 매년 같은 양식을 사용해보라.

실무대표와 선임직원들과 함께 평가과정에 참여하기를 바란다. 그것은 또 다른 차원을 보여주고 팀워크 정신을 갖게 만들 것이다. 때로 여러분은 외부전문가를 초대하기를 원할 수 있다. 그러나 나는 이 중요한 기능을 완전히 외부인에게 맡기지 말 것을 권한다. 스스로 여러분 자신의 내부 자원을 끌어내고 다른 사람보다 여러분이 더 잘 아는 문제를 해결하는 기회로 만들기 바란다.

평가안건은 여러분의 주요기능과 밀접한 관계가 있는 주제에 초점을 맞추어야 한다. 하지만 미래를 예상하기 위해 양질의 시간을 확보해야 한다. 계획 역시 서로 상호작용하면서 서로를 더 잘 아는 법을 배운다. 재미도 있어야 한다. 거버넌스 이사회로서 자신의 성과를 평가함으로써 전체조직에 모범을 보인다면 이제 위대한 이사회가 평가해야 할 다른 두 가지를 해결할 준비가 된 것이다.

위대한 이사회는 실무대표의 성과를 평가한다

이사회의 대표 임명이 가장 중요한 결정이라면, 자연스럽게 이 관계를 육성하는 것이 가장 중요하다. 그 시작은 다음의 세 가지를 포함하는 모범 업무분장과 함께 한다.

1. 대표는 누구에게 보고하는가? 일반적으로 대표는 이사장을 통해서 이사회에 보고할 책임이 있다.
2. 누가 대표에게 보고하는가? 보통의 답은 "모든 직원과 자원봉사자가 직, 간접적으로 보고한다."(여기서 조직도가 필요하다.)
3. 대표는 어떤 책임을 갖고 있는가? 보통의 답은 "모든 사업"이다. 물론 강조점은 활동이 아니라 성과(달성된 결과)들이어야 한다.

내 경험상 이 업무분장이 그렇게 간단하지 않다. 이사회는 때로 큰 혼란을 초래할 수 있는 예외를 만들려고 한다. 이사회는 빅 X라인 아래에서 무슨 일이 일어나고 있는지 감시하고, 그 과정에서 도를 넘는 조치를 취하기도 한다. 한 가지 특별한 단점은 이사회의 소위원회가 선임직원과 소통하면서 대표 또는 이사회를 무시하는 것이다. 연차평가는 이러한 업무관계가 상충하기 전에 그 관계를 정리하기에 적절한 때다.

> 평가 자체는 쌍방향 대화여야만 한다.

대표가 책임져야 할 것이 무엇인지 명확히 한 후에야 이사회가 기대하는 바를 어느 정도까지 평가할 준비가 되는 것이다. 평가 자체는 쌍방향 대화여야만 한다. 평가되고 있는 것은 대표의 성과만이 아니다. 이사회와 실무대표의 관계도 모두 중요하다. 때로 이사진들은 그들이 인식하지 못하는 문제를 만들기도 하고 대표가 이해하지 못한 것을 기대한다.

분명히 하라. 결국 우리는 대표가 힘을 얻고, 인정받기를 원하는 것이지, 비판하려는 것은 아니다. 연차평가를 위한 개요는 부록-2 에서 볼 수 있다(173쪽 참조).

위대한 이사회는 운영을 평가한다

빅 X라인 아래에서 무슨 일이 일어나는지 모니터링 할 때, 이사회는 대표와 협력해야 한다. 이것은 이사회의 수탁자 역할에 특별히 관계가 있다. 이사들은 회원들과 단체 구성원들을 대신해서 다음과 같은 질문을 하고 있다.

1. 우리의 프로그램에 명시한 사명 그리고 가치와 잘 연결되어 있는가? 우리는 올바른 방법으로 제대로 일하고 있는가?
2. 이사회에서 승인한 목적과 목표를 어느 정도 실현시키고 있는가? 결과는 무엇인가? 사람들의 삶을 변화시켰는가? 우리 단체가 변화를 일으켰는가?
3. 우리의 활동이 효과적인가? 그 활동들은 돈과 사람을 효과적으로 사용하는가?
4. 우리 프로그램이 조직의 생애주기 어디에 있는가? 무엇이 줄어들고 있고, 그것을 대체할 새로운 것은 무엇인가?
5. 우리는 미래를 위해 잘 준비하고 있는가? 우리를 둘러싼 환경에서 관찰할 수 있는 변화는 무엇인가? 어떤 프로그램에 연료를 공급할 수 있는 자원이 있는가?

6. 우리의 서비스 전달체계는 효과적인가?

좋은 것에서 위대한 것으로의 도약은 정직한 평가를 기반으로 한다. 석공의 말을 빌리자면, "너의 진흙으로 일하라." "향상을 위해 노력하라." 기억하라. 외제차 회사의 광고처럼. "모든 것은 향상될 수 있다." 좋은 것에서 위대한 것으로의 도약은 정직한 평가를 기반으로 한다.

다시 말하지만 평가가 서면결의로 요약될 때까지는 사업이 완료된 것으로 생각하지 말라. 내년 프로그램 기획에 반영하기 위해 평가결과를 참고하고 싶을 때 지금 분명하게 보이는 것이 흐릿하게 될 것이다. 나중에 보고 싶은 변경(참고)사항을 서면으로 보관하라. 이 서류작업을 할 수 있는 사람을 지정하라.

외부평가

이사회의 주요 프로그램 평가 자료는 경영진에서 나온다. 물론 그것만이 유일한 출처가 되어서는 안 된다. 성공을 과장 보고하고 실패를 외면하거나 심지어 그것을 감추는 것은 인간의 본성이다. 일정 지점을 넘어서면 프로그램에 가장 가까운 사람들은 객관성을 잃어버린다. 영리 세계는 비영리 부문보다 손실을 줄이고 운영하는데 훨씬 더 뛰어나다. 주요 프로그램은 다양한 배경을 가진 전문가들에 의해 정기적으로 검토될 수 있도록 열려 있어야 한다.

나는 구호에서 개발로 큰 전환을 할 때, 메노나이트 중앙위원회(MCC)의 프로그램을 이끌고 있었다. 직원 차원에서 우리는 새로운 장난감을 가진 아이 같았다. 직원보고에 의하면 실행위원회는 우리의 열정이 구호에 더 적절한 대응책인 프로그램들을 소홀히 하고 있다는 것을 발견했다. 실행위원회의 조언에 반대했을 때, 그들은 우리를 숲으로 데려갔다. 때로 직원들은 너무 가깝기 때문에 객관성을 잃어버린다. 반면에 조금 거리를 두고 보면 볼수록 보다 객관적인 관점을 가지게 된다.

시작하기

평가의 가장 힘든 부분은 우리의 빡빡한 일상에 끼어들어서 시작할 시간을 따로 마련해 두는 것이다. 평가는 책임과 새로운 아이디어가 필요하고, 그만큼 가치가 있다. 성과는 언제나 향상되고, 결국 이사회와 직원 모두의 만족도를 높이게 된다. 머지 않아서 "우리는 이걸 더 빨리 했어야 했어"라고 말하게 될 것이다.

❓ 토론질문

- 이사회는 매년 시간을 내서 스스로 냉정하고 객관적으로 살펴보는가? 그것이 어떻게 효과를 나타내는가? 우리는 이사회 교육시간을 갖고 있는가?
- 이사회는 상호 기대와 합의된 우선순위를 분명히 하기 위해 대표에 대한 연차평가를 수행하고 있는가? (부록-2[161] : 대표 연차평가 개요를 보라)
- 우리 이사회는 경영진과 함께 매년 프로그램 성과를 평가하여 목표가 달성되고 있는지 확인하고 필요한 변경사항을 확인하는가? 회원들의 기대가 충족되고 있는가?

제8장

여섯 번째 임무 - 회원에 대한 서비스

이사들은 단체의 주인이 아니다. 회원들과 구성원들이 주인이다. 이사회는 그들에게 잘 알려야 할 책임이 있다. 그렇게 하는 것 또한 이사회에게 최선의 이익이다. 단체를 지지하는 충성스러운 구성원들은 은행 돈보다 더 가치가 있다. 은행 잔고는 줄어들지만, 충성스럽고 단체에 대해 잘 알고 있는 구성원은 지속적인 자원이다. 샘솟는 원천수 같다.

회원들 파악하기

회원들에게 봉사를 잘하려면 그들을 알아야 한다. 지역사회 공동체에 기반을 둔 단체들은 그 지역 주민들에 의해 둘러싸여 있다. 주민들은 단체회원들을 알고 또 그 회원들이 원하는 것과 가치 있는 것을 안다. 이것은 이사회가 회원들에게 보고하고 직접 그들에게 감사하는 것을 가능하게 한다. 한편, 국가 또는 심지어 국제조직은 회원과 소통할 수 있는 다른 방법을 찾아야 한다. 그것이 어떻게 이루어지든 간에 대중으로부터 지원을 받는 조직은 회원들과 의미 있는 접촉을 유지하기 위해 지속적으로 노력해야 한다.

내가 해비타트 이사회에서 일할 때, 컨설턴트가 참여해서 광범위하게 흩어진 후원기반의 프로필을 정리하면서 배운 것이 있다. 우리는 가장 큰 기부자들이 주머니가 두둑한 남성들이라고 가정했고, 그에 따라 홍보했다. 하지만 놀랍게도 우리의 지원기반이 주로 평균 기부금이 100불 미만인 나이든 여성이었다. 이것을 안다는 것은 우리가 좀 더 정확하게 홍보할 수 있게 해주었고, 더 나은 결과를 얻을 수 있게 해주었다.

회원에게 보고하기

> 불행히도
> 많은 단체들이
> 회원들에게 돈을
> 요구할 때만 유일하게
> 소통한다는 것이다.

불행히도 많은 단체들이 회원들에게 돈을 요구할 때만 유일하게 소통한다는 것이다. 어떤 사람이 이 문제에 대해 정확하게 관찰했다. "양은 매일 먹여야 하고, 일 년에 한번만 털을 깎아 양모를 얻을 수 있다." 양털은 너무 자주 깎으면 양들의 피부를 상하게 한다는 개인적인 경험도 있다. 회원들은 무엇보다 조직의 목적이 달성되고 있는지 알기를 원하고, 알 권리가 있다. 사람들의 삶이 변화되고 있는가? 그들의 기부가 어떤 변화를 만들었는가?

사람들의 이야기는 멋진 홍보 브로셔보다 가치가 있다. 겉만 번드르르한 것은 때로 흥미를 잃게 만든다. 후원자들은 결과를 보기를 원한다. 수많은 홍보는 거의 아무런 결과도 없이 돈과 직원 그리고 이런저런 자원들의 투입에 초점을 맞추게 된다. 그러나 결과가 모든 것을 말해준다. 비영리단체들은 주주들에게 연차보고서를 보내는 영리기업으로부터 자신의 기반을 잘 유지하는 방법을 배울 수 있다. 비영리단체들이 그들의 회원과 후원자들에게 보고서를 낸다면 더 나은 결과를 얻을 수 있을 것이다.

정직한 홍보

많은 단체들은 긍정적인 일들만 보고한다. 그들은 문제를 숨기거나, 성과를 과장하기도 한다. 그것은 잠깐 동안 효과가 있을지 모르지만, 확실하고 지속적인 지지기반을 형성하는 방법은 아니다. 백가지 진실로도 큰 거짓말을 할 수 있다는 말이 있다. 지속적인 관계는 개방성과 정직성에 달려있다. 당면한 어려움을 숨기려는 홍보는 실망과 예상치 못한 반전을 이해하는 후원자의 능력을 과소평가하는 것이다. 현실과 비슷한 성공담으로 회원을 늘리는 것은 실수이며 모욕이다.

　문제가 거부되는 것은 말할 것도 없고, 문제를 얼버무리거나 무시할 때, 멤버십은 냉소적이고 의심하게 된다. 부정직과 불완전한 보고는 모금 노력을 모래 위에 세우는 것과 같다. 멤버십은 오래가지 못할 것이다. 실제로 프로그램의 실패를 공유하는 것은 존중과 신뢰를 증대시킬 수 있는 기회가 될 수 있고 더 많은 후원을 받을 수 있다. 나는 오랫동안 후원한 한 단체를 명단에서 삭제했다. 나는 그들이 큰 어려움과 실망스러운 일을 경험하고 있다는 것을 다른 출처를 통해서 알고 있었다. 그러나 그 단체는 아무런 암시를 주지 않았고, 나는 "그들이 나에게 솔직하지 않다"고 결론을 내렸다. 그들의 어려움 중 일부는 설명될 수 있었지만, 그것들을 인정하지 않음으로써 나의 신뢰를 저버렸다.

투명성과 정직성은 서로 함께 간다. 내가 메노나이트 중앙위원회를 맡았을 때, 아주 잘 후원해주는 회원들이 있었는데, 나는 우리가 지리적으로나 철학적으로 우리 지역의 가장 먼 곳에서 하고 있는 사업에 대해 설명할 수 없다면, 우리는 아마도 그 일을 하지 말아야 한다고 말하곤 했다. 우리의 회원들은 우리가 무엇을 하고 있는지 알아야 하고 이해해야 한다.

모금

모금을 위한 노력은 신뢰와 입증된 역량의 토대 위에서 이루어져야만 성공한다. 회원들은 이미 기부자들이다. 그래서 우리는 그들의 후원을 지속시키거나 증가시키고, 새로운 기부자들을 끌어들이기 위해 그들의 도움을 얻는 것에 대해 이야기하고 있다.

> 현재의 후원자들이 미래에도 기부할 최고의 잠재적 후원자이다.

모금가들은 현재 후원자들이 미래의 기부를 위한 최고의 잠재적후원자라는 것을 알고 있다. 기부자들이 자신에게 호소하는 수많은 요청들 중 어떤 하나에 얼마나 기부하느냐는 것은 모금가들이 기부자들에게 얼마나 잘 동기부여를 했느냐에 달려 있다. 우리는 우리 회원들이 자신을 어떤 기부자 명단이 아니라, 지속적인 파트너로 보기를 원한다.

이사들의 역할

이사들은 단체를 위한 홍보대사로 활동함으로써 모금활동에 귀중한 지원을 할 수 있다. 그들은 더 넓은 잠재적 후원자들과 연결될 수 있고 개인 및 전문적인 네트워크를 통해 관계의 문을 열수 있고, 또 열어야 한다. 그들은 소문은 잠재우고, 좋은 의도는 퍼뜨릴 수 있다. 모든 이사들은 단체 홍보를 위한 프레젠테이션을 준비해야 한다. 그것은 이사들이 봉사클럽 혹은 언제어디서나 소개할 수 있는 짧은 소개연설이다. 길이는 1분일 수도 있지만, 그것이 명분에 대한 열정을 전달할 수 있다면 그 연설은 매우 귀중할 수 있다.

주의사항

이사들은 이사회의 비밀을 누설하지 않도록 주의해야만 하고 이사회 내에서 일어날 수 있는 분쟁을 공개하지 않아야 한다. 투명하다고 해서 이사회의 비밀을 누설해야 하는 것은 아니다.

만약 공공지원조직이 헌신적이고 정보가 충분한 후원조직이 있다면, 건강하고 안전한 미래가 보장된다. 이는 회원을 위한 서비스 제공에 투자된 돈과 시간을 잘 쓴 결과다(모금에 대한 정보는 15장을 보라).

여섯 가지 임무 평가하기

> 이사회 차원에서의 개선은 빠르게 전체 조직에 영향을 미친다.

이사회의 여섯 가지 임무는 모두 필요하고 일관성 있게 완수되어야 한다. 이사회가 이 임무들을 얼마나 잘 수행하고 있는지 평가하기 위해 나는 부록-1(167쪽)의 이사회 자체평가표를 작성해 보기를 권한다. 평가표는 개선이 필요한 곳을 알 수 있도록 도와 줄 것이다. 어떤 이사회는 이사회 수련회에서 이것을 한다. 어떤 이사회는 직원들을 초대하여 평가표를 작성할 정도로 자신감이 있다. 직원들의 관점은 때로는 다르지만 타당하기도 하다.

이사회가 얼마나 잘 작동하는지 상관 없이 언제나 개선의 여지가 있다. 좋은 이사회가 위대한 이사회가 되는 것은 가치 평가를 통해서이다. 이사회 차원에서의 개선은 빠르게 전체 조직에 영향을 미친다. 곧 전체 조직이 좋은 일을 멋지게 할 것이다.

❓ 토론질문

- 우리 이사회가 회원과 후원자들을 얼마나 잘 알고 있는가? 그리고 그들이 가치를 두고 기대하는 것이 무엇인지를 알고 있는가?
- 우리 이사회는 회원이나 후원자들의 정보를 얼마나 잘 관리하고 있는가?
- 잠깐 자기반성을 해보라. 우리 회원과 후원자들은 우리 이사회와 프로그램을 얼마나 잘 이해하고 있는가? 어떻게 주인의식과 충성도를 높일 수 있겠는가?

3부

효과적인 이사회 운영

멋진 일을 바르게
좋은 일을 멋지게

제9장

더 나은 회의를 위해서

우리가 왜 회의를 해야 하는지 스스로에게 질문한 적이 있는가? 어떤 회의는 너무 논쟁적이고 너무 허무해 보인다. 회의적인 사람이 "회의란 몇 분을 지키고 몇 시간을 허비하는 것"이라고 말했다. 그냥 없애버리면 안 될까? 심지어 성경에도 "당신의 모임이 득보다 실이 많다"는 내용이 담겨 있다(고전 11:17).

그렇지 않다. 이사회가 이사회의 역할을 하는 유일한 시간은 회의 중일 때 뿐이다. 따라서 이사회 업무의 질은 회의의 질로 판단된다. 회의실은 이사회의 업무실이다. 하지만 회의가 그렇게 많아야 할까? 분명히 회의는 더 짧고 더 생산적일 수 있을 것이다.

그것은 꽤 간단하다. 이사회 및 위원회 회의 모두 두 가지 성과를 거둘 것으로 예상된다. 단 두 가지이다. 다른 모든 것은 이사회의 일이 아니다. 회의의 두 가지 목적은 다음과 같다.

정보제공 : 이사회는 대부분 경영진이 제공하는 간접 정보로 운영한다. 이 정보는 신뢰할 수 있고, 정확해야 하며, 포괄적이어야 한다. 이사회의 결정은 그들이 기반으로 하는 정보만큼만 좋을 수 있다. 위원회도 마찬가지이다. 많은 단체에서 위원회는 이사회보다 더 많은 시간이 필요하다. 위원회는 명확해야 하며 이사회를 위해 일해서도 안 된다. 그들은 이사회가 일할 수 있도록 이슈를 준비한다.

의사결정 : 이사회는 이사회의 결정에 의해 평가된다. 물론 어떤 이사회는 보고를 받고 승인하는 것 이상을 하지 않는다. 깊은 감사와 함께! 그들은 어떤 중요한 결정도 거의 하지 않는다. 아무 일도 일어나지 않거나 이사회가 의사결정과정을 무시한다. 두 가지 모두 귀찮은 조짐이다.

효과적인 회의 수행

효과적인 이사회의 역할은 효과적인 회의로부터 시작한다. 많은 요소들이 회의를 효과적으로 만드는 데 필요하다. 그 중 이사회 내부와 이사회와 경영진간의 협력정신은 최소한의 요소이다. 이사회 업무는 팀워크이다. 그것은 말하는 것만큼 듣는 것이다. 안목이 있어야 한다. 좋은 질문을 하는 것이다. 린든 존슨(Lyndon Baines Johnson) 대통령은 이사야 1장 18절을 인용하곤 했다.

  "지금 와서 함께 이유를 따져보자"

사실대로 말하면, 많은 회의들이 엄청난 시간낭비이다. 네 시간 동안 10명의 이사들이 회의를 하는 것은 일주일의 근무시간과 같다. 결과가 항상 시간과 노력의 투자를 정당화하지는 않는다. 내 예감은 많은 조직들이 이사회 및 위원회 회의에 비용을 지불해야 한다면 회의시간을 더 잘 사용할 것이라는 것이다.

회의 안건

> 효과적인 회의를
> 위한 기획은
> 이전 회의가 끝난
> 직후 시작된다.

좋은 회의는 잘 준비된 안건으로 시작한다. 효과적인 회의를 위한 기획은 이전 회의가 끝난 직후 시작된다. 그 때가 해결해야 할 문제를 파악하고 해야 할 일을 정하기에 가장 좋은 시간이다. 그렇게 함으로써 다음 회의는 이전 회의를 기반으로 하게 되고, 이사들이 선점하고 있는 많은 이사회의 특징인 불연속성을 피하게 된다.

이사회 의장과 실무대표가 함께 의제를 작성한다. 우리가 주장하는 바와 같이 이사회가 어떻게 기능하는지에 대한 책임이 이사장에게 있다면, 이사장이 의제 작성에 참여해야 한다는 것은 논리적으로 당연한 것이다. 또한 실무대표는 이사회 의제가 많이 발생하는 프로그램에 가장 가깝기 때문에 의제 작성에 참여해야 하는 것이 합리적이다. 실제로 대표는 초안을 작성한 후 배포하기 전에 의장에게 검토를 요청한다.

> 잘 된 회의는
> 좋은 의제 없이는
> 이루어지지
> 않을 것이다.

의제는 어떤 순서로 논의될 것인지 그리고 회의시간은 어떻게 배분될 것인지를 정한다. 그리고 임무를 정한다. 좋은 의제가 좋은 회의를 보장하지 않는다. 그러나 잘 된 회의는 좋은 의제 없이는 이루어지지 않을 것이다.

나는 어떤 보고든지 의제를 먼저 올리는 것을 선호한다. 후속결정을 내리는 근거를 제공하기 때문이다. 그러나 보고가 이사회 회의시간의 불균형을 초래하지 않도록 예방조치를 취해야 한다. 이것은 사전에 미리 보고서를 배포함으로써 예방할 수 있다. 일부 이사회는 이사들의 요청이 없는 한 회의록과 보고서와 같은 일상적인 의제를 동의에 의해 논의 없이 승인되는 안건으로 채택하기도 한다.

시간관리

시간은 항상 제한되어 있기 때문에 좋은 이사회 계획은 시간관리가 필요하다. 의제는 각각의 안건이 아닌 경우, 각 범주에 대해 필요한 시간할당을 포함해야 한다. 그래야 발표자들이 할당된 시간 내에 보고서를 작성하는데 도움이 된다. 또한 회의의 진행상황을 모든 사람들이 추적할 수 있게 해서, 얼마나 많은 시간을 회의에 사용하는지를 측정하도록 한다. 능숙한 의장들은 의제의 의사결정 부분을 보호하고 서두르거나 억압적인 것처럼 보이지 않으면서 논의를 진전시킨다.

> 생고기는 안돼!
> 만약 누군가
> 준비되지 않은 문제를
> 이사회에 가지고 온다면
> 생고기로 생각하고
> 부엌으로 돌려보내라!

생산적인 회의의 주요 장애는 문제가 준비되기 전에 의제를 상정하는 것이다. 나는 "생고기는 안돼! 만약 누군가 준비되지 않은 문제를 이사회에 가지고 온다면 생고기로 생각하고 부엌으로 돌려보내."라고 말한다.

이사회에 보고하는 대표와 경영진들이 문제를 제시하면서 '어떻게 할까'라는 식으로 결론을 내리는 것은 의무를 다하는 것이 아니다. 그들은 이 문제를 논의하고 이사회가 취할 조치를 제시하는 제안서를 가지고 와야 한다(부록-5[182쪽] "효과적인 제안서 작성하기"를 참조하라).

회의규칙

모든 공공 담론은 규칙에 의해 영향을 받는다. 그러나 규칙은 환경에 맞게 조정되어야 한다. 수 백명이 모인 총회는 소위원회와는 다른 규칙이 필요하다. 100년도 더 전에, 헨리 M. 로버트(Henry M. Robert)는 로버트 회의규칙으로 알려진 의회법에 관한 책을 썼다. 이 규칙은 영국의회에서 사용한 것에 기초하고 있는데, 미국의회가 사용하기 위해 수정했다. 이것이 회의가 진행되는 보편적인 절차로 받아들여지게 되었다.

> 콜롬비아 보고타의
> 바쁜 경영자의 책상에서
> 본 문구를 좋아한다.
> "문제 해결방법은 없다"

로버트 회의규칙은 질서정연하고 민주적인 과정을 제공한다. 규칙은 ⑴다수결의 원칙 ⑵소수 의견 존중의 원칙 ⑶부재자의 권리 보호 원칙에 기초를 두고 있다. 이 책의 75주년 개정판은 44개의 동의(動議)를 나열하고 각각의 사용법과 기능을 설명하고 있다.

이 존경 받는 권위에 대한 존중과 질서의 필요성을 인정하면서 나의 결론은 로버트 규칙을 엄격하게 준수하는 것은 소규모 단체가 사용하는 것보다 435명의 의원과 여성들이 제한된 발언시간을 위해 경쟁하는 미국 의회와 같은 큰 회의에 더 적합하다는 것이다. 덜 형식적인 환경에서 로버트 규칙은 회의를 용이하게 하기보다 위협적으로 만들 가능성이 높다.

로버트 회의규칙은 확실하다. 순서가 있어야 한다. 그러나 나는 작은 단체들은 비공식적인 환경에서 형식주의를 최소화하는 것이 맞다고 본다. 로버트 규칙의 도움을 받는 것은 좋지만, "이 수프는 우리가 요리한 만큼 뜨겁지 않게 먹을 것이다."라는 옛말에 동의한다. 로버트 규칙이 지켜지는 것보다 더 중요한 것은, 우리가 상호 존중과 동료 간의 협력 가운데 좋은 결정을 내렸는가? 또한 결정은 참석한 모든 사람들의 의견을 대표하며, 그들의 소유인가 하는 것이다.

> **훌륭한 단체들은 좋은 회의를 한다.**

많은 일들이 이사회의 통제 밖에 있지만, 어떻게 사업을 하고, 어떻게 회의를 진행할지 그리고 제한된 시간을 어떻게 사용할지 전적으로 이사회의 일이다. 이사회의 질은 그 효과의 척도이다. 훌륭한 이사회에는 좋은 회의가 있다. 좋은 회의는 조직의 위대함을 이끌어낸다.

❓ 토론질문

- 우리 이사회의 의제는 올바른 이슈에 초점을 맞추고 있는가? 우리의 회의 시간을 잘 사용하고 있는가?
- 이사회 매뉴얼에는 거버넌스 업무를 수행하는 데 필요한 정보가 나와 있는가? 현명한 의사결정을 위해 필요한 것들을 갖추고 있는가?
- 우리 이사회에서는 이슈와 대안들에 대한 활발한 검토를 위해 조화롭고 신뢰가 가는 협력적인 분위기가 있는가?
- 우리 이사회는 좋은 결정을 내리고 있는가? 아니면 아무 결정도 내리지 않고 있는가? 그것의 결정은 경영진이 아닌 거버넌스의 영역에 있는가?
- 위원회와 실무대표는 이사회 활동을 위한 제안서를 효과적인 형식으로 제시하고 있는가? (부록-5 : 효과적인 제안서 작성하기를 보라)

제10장

반대에 대한 합의

사이좋게 지내려면, 함께 가라. 이 유명한 말은 워터게이트 시대의 말이다. 이 말은 또한 많은 이사회의 분위기를 설명하고 있다. 이사회에 참여하는 것은 달리는 열차에 올라타는 것과 같다. 당신은 당신보다 앞선 모든 것들과 동료 이사들에 대한 존중을 보여줄 필요가 있다. 간단히 말해서 당신은 순응할 것으로 기대된다. 게다가 저항하는 것은 너무 많은 에너지가 필요하다. 쉬운 과정을 택하고, 승차를 즐겨라.

> **훌륭한 이사들은 협력하면서도 독립적으로 생각한다.**

얼마나 흔한 일이고 얼마나 불행한 일인가. 그것이 평범함이 지속되고 제도화되는 방식이다. 다른 사람의 행동을 무시하는 것은 거의 가치가 없다. 훌륭한 이사들은 협력하면서도 독립적으로 생각한다. 그들은 가장 빠른 타협점을 찾는데 구애받지 않고, 최선의 해결책을 찾는데 결단력을 보인다.

양처럼 길을 잃다

내가 관찰한 적은 없지만 좁은 문을 통과하기 위해 양들을 우리에서 풀어줄 때, 만약 처음 두 세 마리가 지팡이를 점프해야 한다면, 그 막대기를 제거한 후에도 나머지 양들이 뛰어 넘는다는 말을 들었다. 어떤 이사회는 양과 같다. 모든 이사들이 리더의 명령에 맞춰 점프하고 있다.

때로는 의장이 토론의 장을 열면 곧바로 주도적인 이사(대부분의 이사회에 한 명씩 있다.)가 강한 의견을 표현한다. 그 의견에 반대하고 싶지 않기 때문에 모든 이사들은 줄을 서고, 곧 의장이 만장일치 결정을 발표한다. 하지만 이것이 좋은 결정일까? 이것이 가능한 최선의 선택인가? 찬성이지만 항상 옳은 것은 아니다.

소신 있는 용기의 마음과 품성의 독립성을 가진 이사는 다수결을 지지하면서 또 다른 관점을 제시할 수 있다. 내가 참여했던 최고의 회의들은 활발하지만 절제된 토론 끝에 그 모임의 지혜에서 나온 결론에 도달했다.

모든 반대의견이 고상한 것은 아니다

이의를 제기할 여지가 있지만, 반대는 완고한 부정주의에 지나지 않을 수 있다. 모든 행동에는 감추어진 면이 있다. 그것을 찾는 데는 많은 기술을 필요로 하지 않는다. 대부분의 이사회에는 반대하는 사람이 있는데, 누군가 의견을 제안 할 때, 자동적으로 거절하고 그것을 제안한 사람에게 창피를 줌으로써 이사회의 분위기를 완전히 뒤엎는다. 그것은 "아이디어를 죽이는 회의실에 오신 것을 환영합니다."라는 도발적인 기사의 제목을 떠오르게 한다.

이사회는 이견을 다루는 법을 배워야 한다

이사회는 반대의견과 반대하는 사람을 어떻게 다루는가? 어떤 사람들은 재앙이 그들에게 닥친 것처럼 반대 의견이 나타날 때 문을 닫는다. 심지어 비판적인 질문을 하는 것조차 금기시된다. 나는 어떤 이사장이 그의 의견에 대해 도전 받았을 때 거의 틀니를 잃는 것을 보았다. 그런 공격을 다루는 이사장들에게 내가 강력하게 권하는 바는 다음과 같다.

1. 반대의견에 지나치게 과민반응하지 말라. 이사 개인은 자신의 의견을 이야기할 권리가 있다. 기꺼이 받아들이라.
2. 당신이 생각의 자유가 있더라도 반대자의 동기에 의문을 제기하거나 반대하는 사람을 적이나 문제아로 여기지 말라.
3. 객관적이고 열린 마음으로 반대자의 의견의 근거에 대해 생각해보라. 그 사람은 옳다고 증명될 수도 있고, 적어도 적절하게 고려되지 않은 진실의 한 부분을 가지고 있을 수 있다.

나는 퀘이커교도들이 논쟁의 여지가 있는 결정을 연기하는 관례가 있다고 들었다. 때로는 토론의 열기에서 매우 기본적인 사실들이 간과되기도 한다. 결정을 미루는 것은 사후판단을 허용하고 반대되는 관점을 고려할 수 있는 협력의 기회를 제공한다.

그러한 관례는 어느 정도 매력이 있지만, 의지가 강한 이사라도 있다면 무기한으로 일을 정체시킬 수 있다. 이 시도는 가능하고 일부 작업은 지연될 수 없지만, 일시 중지가 적절한 경우가 있다.

소수일 때

질문이 던져졌고, 투표는 이루어졌고, 당신은 짧은 시간 밖에 없다. 지금 무엇을 해야 하나? 사직하겠다고 협박하면서 서류를 모아서 방에서 나와야 하나? 어제 밤에 이사회에서 내린 어리석은 결정에 대해 친구들과 다른 누군가에게 말하기 전에 아침이 되기를 기다리겠는가? 아마도 몇 달이 지나가고, 많은 아이디어가 그렇듯이 중간에 어려움에 부딪힐 때, 당신은 '내가 그렇게 말했잖아'라고 말할지도 모르겠다.

나는 더 나은 접근방식을 제시하는 아름다운 이야기를 알고 있다. 오클라호마의 한 교회는 새로운 교회건물을 지을지 말지를 결정하는 데 어려움을 겪고 있었다. 투표는 만장일치가 아니었다. 그러나 교인들이 참여하면서 건축은 시작되었다. 어느 날 아침, 여섯 명의 교인들이 지붕을 덮고 있었다. 참석율은 실망스러웠고, 날씨도 불쾌했다. 휴식시간에, 여섯 명 중 한 교인이 "생각해보니 나는 이 건축 건에 대해 투표도 하지 않았다"고 말했다. 알고 보니 거기 있는 누구도 투표하지 않았고, 그들은 지붕을 덮고 있었다.

나는 반대를 위한 반대를 옹호하는 것은 아니다. 반대는 미덕이 아니다. 그것은 우리가 너무 많이 보는 것처럼, 교통정체를 일으킬 수 있다. 나는 동시에 협력적이고, 기꺼이 경청하면서 다른 견해를 고려하는 독립적인 생각이 필요하다는 것이다.

우리는 함께 논의해야만 한다. 그것이 좋은 이사회의 전부다. 함께 논의하는 것이다. 반대표를 던져도 지붕을 덮을 수 있는 것이다. 누가 신용을 얻든 간에 가능한 최선의 해결책을 계속 찾아야 한다.

? 토론질문

- 우리 이사회는 독립적인 의견을 구하는가? 회의시간에 존중을 받는가 아니면 무시되는가?
- 우리는 반대하는 누군가의 충성심이나 가치에 의문을 제기하는가?
- 반대하는 소수이사들은 언제 자신의 신념과 최선의 판단을 유지하면서 다수를 인정하고 지지할 것으로 예상되는가?

제11장

정책을 통한 거버넌스

정책에 대한 주제는 이미 소개되었지만, 이 장에서 좀 더 상세하게 다룬다. 조직의 거버넌스 업무를 수행하기 위해 채택된 정책에 초점을 맞추고자 한다. 경영진은 자체적으로 정책을 가지고 있다고 가정하고, 이것은 또 다른 주제이다.

정책에 관한 정책

우리 이사회는 각 이슈의 장점에 대해 결정하거나 중요한 주제에 대한 이사회의 입장을 설명하는 이사회 승인 정책지침을 가지고 있는가? 이 간단한 질문은 이사회 업무의 핵심을 말하고 있다. 답은 조직의 규모와 역사와 많은 관련이 있다. 작고 젊은 조직들은 거의 정책을 가지고 있지 않다. 덧붙이자면, 수많은 긴 회의들만이 있다. 대규모 조직에는 대개 승인된 정책들이 포함된 이사회 지침서가 있다.

나는 정책이란 경험을 바탕으로 한 미래에 대한 설명으로 생각한다. 어떤 일이 발생하면, 그렇게 하도록 기대되거나 권한이 주어진다. 주어진 상황에만 적용하는 일반적인 이사회 업무와는 다르다. 정책은 취소 혹은 수정될 때까지 지속된다. 서면정책은 회의시간을 절약하고 의사 결정의 일관성을 높인다.

해비타트의 젊은 이사들은 긴 회의에 싫증이 났다. 그들은 지원할 가족을 선택하는 회의에 너무 많은 시간을 사용했다고 지적했다. 그들은 계속해서 한부모 가정, 일반 법률조합, 범죄경력, 종교적 성향 또는 그것의 부족함 등의 문제에 직면했다. 이사회는 결국이 모든 변수를 고려한 지원 가족 자격 기준을 진술한 정책을 수립하였다. 이후에 가족선정위원회는 그들이 추천하는 모든 가정은 이사회에서 승인한 정책을 준수한다고 간단히 언급했다. 이제 이사회는 예외만을 다루면 된다. 이사회 회의시간은 단축되었고, 더좋은 결정을 내릴 수 있었다.

정책은 얼마나 많아야 하나?

이사회는 연속적으로 어디에 있고 싶은지 결정해야 한다. 한 극단적인 입장으로는 존 카버가 대중화한 정책 거버넌스가 있다. 그것은 "이사회 내에서 생각, 활동, 구조 및 관계를 조직할 수 있는 프레임 워크"를 확립하는 것이다. 이 접근방식은 "모든 이사회 활동은 정책에 의해 관리되어야 한다."고 주장한다. 예를 들면, 이사회가 재무담당자에게 보고를 요구하기 전에, 그 보고서에 무엇이 들어가야 하고, 누가 준비해야 하는지에 대한 정책을 가지고 있어야한다는 것이다. 그것은 약간의 편리함이 있다. 새로운 재무담당자가 와도 보고형식을 변경할 필요가 없다는 것이다. 단, 전체 조직에 적용하게 되면, 양이 커지고 다루기가 어려워질 수 있다.

또 다른 극단은 이사회가 서면으로 된 정책을 갖고 있지 않는 것이다. 모든 안건은 제안된 그 자체로서 갖고 있는 장점에 기초해서 결정하는 것이다. 이 이사회는 더 민첩하고, 더 유연하지만, 일관성은 더 없을 수 있다. 내가 관찰한 바로는 많은 이사회가 정책수립 전 단계에 너무 오래 머문다. 많은 이사회들이 그들 자신의 거버넌스 업무에 도움이 될 기본적인 정책내용을 발표함으로써 더 도움을 받을 수 있을 것이다. 왜 비영리 이사들이 GM과 같은 대기업의 이사들보다 이사회의실에서 더 많은 시간을 보내는 지에 대해 궁금해 한 적이 있는가? 그 답의 일부는 기업들은 정책에 따라 일하지만, 비영리단체의 이사회는 빅 X라인에 못 미쳐서 경영 이슈에 시간을 보내는 경향이 있다는 사실에 있다. 단체가 성장함에 따라 이사회는 실무적인 것들로부터 정책 거버넌스로 전환할 필요가 있다.

정책 활용의 단계

정책설명서는 필요할 때 즉시 사용할 수 있는 경우에만 유용하다. 이는 정책들이 잘 분류된 정책 지침서에 정리되어 있어야 한다는 것을 말한다. 정책 지침서의 도입 또는 확장에 더 많은 주의를 기울여야 할지를 결정하는데 도움이 될 수 있는 질문은 다음과 같다.

- 규칙적으로 일정에 나타나면서 많은 회의시간을 소비하는 문제들은 무엇인가?
- 보존하고자 하는 가치와 관례는 무엇인가? 여기에 이사회가 과거 배

운 것을 요약하여 후임이사들에게 전해주는 것으로 시행착오를 줄일 수 있다.

정책은 종이지 주인이 아니다

어느 쪽이든지 위험이 있다. 너무 적은 서면정책들은 현재 재량권에 너무 많이 의존하게 된다. 또한 다른 쪽에서는 법률가 모세가 되기를 원하지 않는다. 너무 많은 정책들이 조직의 탄력을 잃게 만들 수 있다. 어느 쪽이 더 나쁜지 알 수 없다. 각 조직은 각자에 맞는 균형을 찾아야 한다. 그리고 조직이 성장함에 따라 그것은 변할 것이다. 이 모든 것에서 기억해야 할 것은 정책들은 종이지 주인이 아니라는 것이다. 정책들은 우리를 위해 봉사하도록 되어 있다. 우리가 정책을 위해 봉사하는 것이 아니다.

나의 제안은 가장 중요한 영역을 포함하는 10개 혹은 12개의 기본 정책을 가지고 소박하게 시작하는 중규모의 단체를 위한 것이다. 그런 다음 필요에 따라 정책을 추가하면 된다. 그러나 이것이 이사회 거버넌스를 수행하는 것이다. 빅 X라인을 넘어 경영에 참여하는 것을 피해야 한다. 경영진은 일련의 행정정책들을 가지고 있을 것이다. 어떤 이사회 지침서에든지 들어가야 할 정책은 이사회의 조치가 필요한 모든 이슈를 기록하고 있어야 하는데, 부록-5(182쪽)에 제안서 형식으로 첨부했다.

정책의 지위

일단 정책지침서에 합의하고 제출하면, 정책은 메대와 페르시아의 법률처럼 바뀌지 않을 것으로 여겨져서는 안 된다. 이사들은 정책이 요구될 때 엄격한 준수 외에 승인된 정책으로 할 수 있는 것이 세 가지 있다.

1. 정책은 별도로 정할 수 있다. 정책이 승인되었을 때 예상하지 못한 독특한 상황이 있을 수 있다. 미래에 사용하기 위해 정책을 유지하고 별도로 보존할 수 있다.
2. 새롭고 변화된 상황을 고려하여 정책을 수정할 수 있다.
3. 정책들은 주기적으로 검토되어야 한다. 그리고 더 이상 유용한 목적을 제공하지 않을 때 폐기되어야 한다.

한 가지 더 주의해야 할 것이 있다. 변화를 받아들이는 것이 성숙의 표지가 될 수 있지만, 정반대로 변덕스러움으로 이어질 수 있다. 미국 헌법의 틀은 현명하게 모든 변화에 대해 높은 기준을 설정하고 있다.

정책지침서는 업무지침서이다

이사회 지침서는 모든 이사회 멤버들과 실무 리더들에게 배포되어야 한다. 또한 신임이사를 위한 안내서에도 포함되어야 한다. 그 의미는 이사회 지침서가 조직 내부문서라는 것이고, 고급비밀은 아니지만 공개배포를 위한 것도 아니라는 것이다. 누군가 정책을 잘 유지 관리하도록 임명되어야 한다. 아마도 이사회 서기나 부이사장이 될 수 있다. 그것은 성장의 한 부분이기도 하고, 당신의 가상 GPS의 중요한 부분이 된다.

❓ 토론질문

- 우리 이사회는 규모에 맞는 서면 정책을 가지고 있는가? 아니면 문제가 발생할 때마다 그것의 장점에 맞게 결정하는가? 우리는 더 많은 서면 정책이 필요한가?

- 우리 이사회는 정책지침서를 가지고 있는가? 승인된 모든 거버넌스 정책들을 적시에 사용할 수 있는가? 만약 그렇지 않다면, 그렇게 해야 하는가?

- 더 이상 관련이 없는 정책을 폐기하거나 새로운 정책을 채택했을 때 추가 할 수 있도록 이사회 정책지침서를 유지 관리할 사람이 임명되어 있는가? 모든 이사회 멤버들이 사용할 수 있도록 이사회지침서가 준비되어 있는가?

제12장

회의실 태도

차이점은 여러가지 선택이 있고, 그 선택들이 좋은 것일 경우 존재한다.

두 세 명이 모인 곳은 어디든지 차이가 있을 것이다. 사람들은 같은 사실을 보고 다른 결론에 도달할 수 있다. 이것이 나쁘다고 할 수는 없다. 차이점은 여러 가지 선택이 있고 그 선택들이 좋은 것일 경우에 존재한다. 거기에는 생명과 에너지의 흔적이 있을 수 있다.

회의실은 무덤이 아니라 새로운 생명으로 가득 찬 온실이 되어야 한다. 사실 차이점이 없는 것은 무기력, 무관심, 또는 창의성을 억누르는 결과로 생각할 수 있다. 이것들 중 어떤 것도 차이점보다 몇 배나 더 나쁘다.

그러므로 문제는 차이점이 아니다. 문제는 차이점이 갈등으로 변할 때 일어나는 것이다. 갈등은 해결로 가는 과정에서 어떤 차이점이 전달되는 단계일 수 있다. 하지만 이 차이점들을 지나칠 수 있을까? 즉 갈등이 해결되는가, 아니면 영구적으로 내재되는가?

아니면 나중에 훨씬 더 커져서 다시 나타나는가? 갈등을 부정하거나, 테이블 밑으로 숨기거나, 아니면 없어지길 바라는 것보다는 공개적으로 갈등을 다루는 것이 더욱 건강하고 건설적이라는 것은 의심의 여지가 없다.

차이점을 건설적으로 다루기 위해서 회의실에서 반복적으로 전개되는 행동양식을 이해하는 것은 유용하다.

경쟁적인 이사들은 매번 이기려고 한다. 그들은 미리 결정된 결론을 뒷받침하지 않는 사실을 무시하거나, 부인하거나 심지어 조작하기도 한다. 그들은 토론과 그룹 프로세스에 낮은 가치를 둔다. 그들의 경쟁 스타일은 개인주의적이고 위협적이다. 그들은 이기기 위해 모든 것에 의존한다.

수용적인 이사들은 일반적인 관점을 지지한다. 모든 사람들에게 호감을 받고 싶어하는 그들의 갈망 가운데, 그들은 어떤 해결책이 나오면 그것이 최선의 선택이든 아니든, 재빨리 동의한다. 그들은 항상 마지막으로 말한 사람의 의견에 동의한다. 수용자들은 항상 다수결로 투표한다.

회피하는 이사들은 어떤 다른 관점에도 불편해 한다. 그러므로 그들의 첫 번째 목표는 최선의 결론에 도달하는 것이 아니라 의견 불일치와 유사한 어떤 것의 혼선을 피하는 것이다. 서로 다른 관점조차도 그들에게는 불편하다. 토론이 뜨거워지면, 그들은 입을 닫는다.

타협하는 이사들은 합의가 될 것처럼 보이는 몇 가지 의견을 하나로 모으는 데 능숙하다. 그리고 나서 타협된 해결책을 함께 모은다. 이것은 표면적으로는 도움이 되는 것처럼 보이지만, 너무 가볍게 보여 일시적인 것으로 나타난다. 타협하는 이사들은 최선의 해결책을 고집하는 대신에 토론을 가장 낮은 공통분모로 삼을 수 있다.

협력하는 이사들은 대안적인 의견을 환영한다. 그들은 각 대안들의 장점을 객관적으로 비교한다. 협력자들은 최선의 해결책을 찾는데 있어서 다른 관심을 기꺼이 감수한다. 그들은 누가 이기고 누가 지는 것에 대해 별로 관심이 없다. 협력자들은 함께 결론에 도달하기 때문에, 그들은 공동으로 그것을 소유하고 작동시키기 위해 노력한다.

처음 네 가지 유형은 자기욕심에 의해 움직인다. 내가 어떻게 이길 수 있을까? 내가 어떻게 좋아질 수 있을까? 어떻게 하면 당황하지 않을 수 있을까? 내가 어떻게 하면 영웅이 될 수 있을까? 그것들은 거짓 자아에서 생겨난다. 비교해보면, 협력자의 첫 번째 관심사는 최선의 해결책에 도달하는 것이다. 그들의 분명한 동기는 그룹으로부터 최선을 끌어내는 것이다. 협력적인 분위기에서 일하는 이 사회는 다행스러우면서 효과적인 것이다.

반대론자 다루기

그러나 또 다른 유형의 이사들이 있다. 바로 반대자이다. 그들은 어떤 생각의 이면에 집착한다. 제안된 것이 무엇이든지 간에, 반대자들은 반대 의견을 선호한다. 만약 합의가 검은 색이면, 반대자들은 하얀 색을 옹호하고 검은 색은 잘못된 것으로 여긴다.

반대론자들은 소수파가 되는 것에 구애받지 않는다. 어떤 사람들은 그것을 즐긴다. 그것은 그들에게 관심을 가져다 주고 그들이 힘이 있다고 느끼게 한다. 그들은 분열을 일으킬 수도 있지만, 스스로 인정한 반대론자들의 말도 들을 가치가 있다. 대체로 그들은 핵심이 있고, 가끔 옳을 수도 있다.

모든 이사회 특별히 이사장이 직면하는 도전은 책임과 자아에 대한 고려가 가장 높은 공동선을 추구하기 위해 승화된 우호적인 환경을 조성하는 것이다. 이를 위해서는 구성원 간의 신뢰와 민감해지려는 태도를 필요로 한다. 그것은 독립적인 생각과 차별화된 자신감을 요구한다.

두 명의 교회 원로들이 첨예하게 대립했다. 휴회시간이 다가왔을 때, 당사자 중 한 명이 다른 한 사람에게 폐회기도를 부탁했다. 그는 훌륭하게 어려움을 해결했다. 정확한 단어들은 생각나지 않지만, 그 기도에는 기억에 남는 대사가 있었다. "우리와 의견이 다른 분들에게 감사합니다. 그들은 우리가 다르게 생각하지 않을 수도 있는 생각을 하도록 도와주었습니다." 그들은 그렇게 한다.

갈등 약화시키기

여기까지의 가정은 그 갈등이 이사회가 스스로 해결할 수 있는 능력 안에 있다는 것이었다. 또한 모든 조직이 갖춰야 할 고충 처리 절차가 활용되었다고 가정하고 있는 것이다. 여기서 갈등 해결이 시작되어야 한다. 그러나 때때로 이사회의 해결 능력을 넘어서는 상처와 갈등이 있다.

> 갈등을 무시하는 것은 상황을 더 악화시키는 일이다.

유혹은 갈등을 무시하고 그것이 존재하지 않는 척하는 것이다. 그것은 상황을 더 악화시킬 것이다. "시간이 약이다."라는 말이 있다. 한 마디로 나의 경험을 대신하자면 "시간은 어느 정도 상처를 치유한다."는 것이다. 때로는 갈등이 약화되어져서 분쟁이 해결되기 전에 치유를 위한 시간이 소진된다.

이 단계에서, 갈등이 한 사람에게 집중되는지, 아니면 그것이 이사회와 전체조직에 깊숙이 뚫고 들어가는지를 결정할 필요가 있다. 만약 전자라면 그 개인과 함께 다뤄질 필요가 있다.

조정, 화해 서비스가 가능할 것이고, 그 수준에서 많은 분쟁들은 해결된다. 극단적인 경우, 짐 콜린스의 말대로 잘못된 사람들을 버스에서 내리게 하기 위해서 개인을 해고해야 할 수도 있다. 그러나 그조차도 이사회가 어떤 식으로든 기여했을 수 있음을 인정하면서 화해 방식으로 이루어져야 한다. 위법행위에 대한 조직적인 인정은 너무 드물다.

갈등이 본질적으로 더 체계적이고, 이사회나 조직전체를 기능장애로 만들겠다고 위협한다면, 그리고 만약 모든 합리적인 노력이 끝나면, 이제는 전문적인 도움을 요청할 때가 되었을지도 모른다. 그렇게 함으로써, 이사회는 두 가지 큰 장애물을 넘어야 한다. 그것은 비용과 약하거나 불안정한 것으로 보일 것이라는 두려움이다.

> 해결되지 않고 숨겨져서 오래 지속된 분쟁은 엄청난 비용을 초래할 수 있다.

비용에 관한 한, 해결되지 않고 숨겨져서 오래 지속된 분쟁은 엄청난 손해를 초래할 수 있다. 그리고 그 비용은 전문가의 용역비용을 훨씬 초과할 수 있다. 조직의 명예훼손에 대한 두려움이 뒤섞여 있다. 어떤 사람들은 그것을 부정적으로 생각할 수도 있고, 또 다른 사람들은 어려운 문제를 다루는 당신을 존중할 것이다. 두려움이 옳은 일을 하는 것을 막지 않도록 하라.

요약하면, 우리는 황금률을 실천해야 하는 도전을 받고 있다. "다른 사람에게서 대접받고자 하는 대로 당신도 그렇게 하라."

? **토론질문**

- 우리 이사회는 차이점을 건설적으로 다룰 수 있는 능력을 가지고 있는가? 아니면 차이점이 쌓여서 갈등을 약화시키는 방향으로 변할 수 있도록 허용하는가?
- 갈등이 그 모습을 드러낼 때, 우리 이사회는 그것을 공개적으로 처리하는 가? 아니면 우리의 에너지와 기쁨을 빼앗아 가도록 남겨 놓는가? 우리 이사회가 최선의 해결책으로 협력하는데 얼마나 능숙한가?
- 우리 이사회는 해결해야 할 갈등을 갖고 있는가?
- 당신은 일들을 다르게 보는 사람을 어떻게 대하는가? 그런 사람들이 가치가 있다고 보는가, 아니면 그 유용성에 의심을 갖는가?

제13장

의장의 역할

다른 사람이 준비한 의제를 능숙하게 처리해 가며 큰 회의테이블의 끝에 권위 있게 앉아 있는 것보다 이사회 의장역할을 하는 것이 더 중요하다.

이사회를 위한 하루 워크숍을 진행하던 중에 나는 새로 선출된 의장이 사슴 같은 표정으로 앉아 있는 것을 보았다. 그는 쉬는 시간에 나에게 말했다. "나는 내가 무엇을 하고 있는지 전혀 알지 못했습니다." 나중에 나는 혼잣말로 말했다. "얼마나 많은 의장들이 그렇게 느끼는지 궁금하다." 더 나쁜 것은, 얼마나 많은 사람들이 그 일에 수반되는 모든 것을 알지 못한 채 의장자리에 앉아 있는가 하는 것이다.

"의자"(chair)라는 평범한 용어가 어디서 왔는지 생각해 본 적이 있는가? 그것은 그 방의 유일한 의자가 감독관이었던 때로 거슬러 올라간다. 그리고 그 사람이 항상 남자였기 때문에, 최근까지 그 사람은 의장(chairman)으로 불렸다. 이제는 그 자리가 여성에 의해 채워질 수 있기 때문에 의장(chairperson) 또는 의장(chair)으로 바뀌었다.

의장의 역할은 조직 내에서 가장 적게 규정되어 있는 것 중 하나이다. 의장의 마이크는 항상 켜져 있다. 각 의장은 자신에게 적합하도록 의장직을 정의한다. 의장은 모든 사람의 종이 되는 것이 잘하는 것이다.

사회자로서의 역할

일반적으로 의장이 회의전체를 주재한다고 이해되고 있다. 회의의 주인으로서 의장은 모든 사람들을 환영하고, 협조적인 회의 분위기를 만드는 역할을 한다. 또한 의장은 의제의 마지막 항목까지 포함하여 회의 전체 의제를 다루기에 가능한 시간 분배를 위해 신경을 쓴다.

진정한 기술은 강압적이거나 서두르는 것처럼 보이지 않고 이 역할을 해내는 것이다. 회의가 늦게까지 진행되고 있을 때 당신이 노래의 2절이 되고 싶지 않다면, 당신은 무능한 의장이 다루는 마지막 의제가 되기를 원하지 않을 것이다.

이른바 회의의 표류보다 나를 더 좌절시키는 것은 없다. 자신감이 없고 무능한 의장은 탁구게임처럼 무차별적으로 토론이 튀게 놔둔다. 하나의 주제를 처리하는 동안 두 번째 주제를 소개한다. 둘은 더 이상 결과가 없는 장난스러운 강아지처럼 이사회 테이블에서 서로를 쫓아다닌다. 유능한 의장은 논의의 초점을 단일 주제에 맞추도록 한다. 만약 내가 의장을 맡고 있고 토론이 길어지면, 나는 이사들에게 남은 시간과 아직 남아있는 의제에

> 유능한 의장은 논의의 초점을 단일 주제에 맞추도록 한다.

대해 상기시킬 것이다. 또한 연기하는 것이 선택사항이 될 수 있는지 질문할 것이다. 토론이 무한정 진행되도록 허용해서는 안 된다.

한 번은 장시간 토론이 진행되는 동안 시계를 몰래 봤다는 비판을 받기도 했다. 이의를 제기하는 사람에게는 산만해 보였으며, 아마도 위협적인 것 같았다. 첫 번째 충동은 울고 싶었다. "비열하게, 어쨌든 당신은 내가 의장으로서 제때에 회의를 끝내기를 기대하고 있잖아." 다음으로 더 좋은 생각이 났다. 물론 나는 시간을 지킬 필요가 있었지만, 눈에 잘 띄지 않게 할 수 있었다. 그 후에 나는 내 시계를 테이블 위에 놓아두었고, 그래서 눈에 띄지 않게 그것을 확인 할 수 있었다. 적어도 여전히 시계가 작동하고 있는지 확인하기 위해 시계를 흔들지 않았다.

회의실 밖 의장의 역할

> 의장은 실무대표와 함께 이사회의 의제를 만드는데 참여한다

의장직보다 대중적이지는 않지만, 의장의 두 번째 역할은 이사회와 이사회 사이의 시간과 관련이 있다. 이 기능은 덜 이해되고 덜 정의된 것이지만, 아마도 회의를 주재하는 것만큼 중요할 것이다.

의장의 회의실 밖 책임 중 첫 번째는 실무대표와의 교류와 지원이다. 유능한 대표는 직원들을 지원한다. 이사회는 의장을 통해서 직원들을 지원한다. 어느 조직에서든지 가장 중요한 두 직책인 이사장과 실무대표와의 서로 존중하는 관계는 최고로 중요하다. 심각한 문제없이는 이 수준에서 갈등이 있을 수 없다.

내가 발견한 유용한 구분은 이사회가 (빅 X라인 위) 어떻게 기능

하는지에 대한 책임이 이사장에게 있는 반면, (빅 X라인 아래) 조직 운영은 실무대표의 지시를 받는다는 것이다. 실제로 이 구별을 하는 것이 항상 쉬운 것은 아니지만, 이 구별점은 유용한 지침으로 간주된다.

의장의 또 다른 의무는 이사회가 회의 중이 아닐 때 이사회를 대표하는 것이다. 그렇게 하면서, 의장은 이사회의 권한을 침해하지 않도록 주의하고, 이사회를 대신할 때 이사회가 잘 알고 있도록 해야 한다.

또한 의장은 실무대표와 협의하여 상임위원회를 임명하고, 위원회의 활동을 조정하도록 돕는다. 많은 사업들은 위원회를 통해 이사회에 소개된다. 위원회가 잘 감독되지 않는 한, 그들은 서로 겹치는 사업을 시작할 수 있다. 그들은 때때로 서로 부딪치거나, 직원을 뛰어 넘거나, 대표의 머릿속에 들어간다. 의장은 그들의 에너지를 적절하게 감독하는 역할을 한다.

이미 말했지만, 의장은 실무대표와 함께 이사회의 의제를 만드는데 참여한다. 이것은 위원회 위원장들과 의사소통하여 이사회 활동을 위해 준비가 된 문제들을 확인하는 것을 포함한다.

사전에 적절하게 검토되지 않은 문제가 회의 의제에 포함되도록 해서는 안 된다. 이 규칙을 실천하지 않으면, 이사회는 반쯤 익힌 고기를 씹는 자신들의 모습을 발견하게 된다.

마지막으로 유능한 의장은 부의장에게 의미있는 관여를 할 수 있는 방법들을 찾아야 한다.

해비타트의 이사장이었을 때, 나는 이사회와 경영진 간의 원활한 조정을 위해 이사회 회기 중이 아닐 때 본사를 방문해서 당시

CEO였던 밀라드 풀러(Millard Fuller)와 상의하곤 했다. 가끔, 직원들이 나를 만나기를 원했다. 나는 그 자리에 있었다. 나는 그러한 미팅들이 거버넌스와 경영을 분리하는 빅 X라인을 언급할 가능성이 있다는 것을 알고 있었다. 그러나 나를 만나는 것을 허락하지 않는 것도 내가 싫어하는 것이라고 말했다.

나는 만나기로 동의함으로써 그 문제를 해결했지만, 내가 그들의 이야기를 듣는 동안, 우리의 대화에서 비롯되는 어떤 행동도 정해진 권한의 선을 거쳐야 한다는 것을 분명히 이해하게 되었다. 어떤 경우에는 비밀유지와 관련되어 있기 때문에 그 선이 어디에 있는지 아는 것이 항상 쉽지는 않았지만, 우리는 각자의 역할을 알고 있었기 때문에 관리할 수 있었다.

의장들을 위한 조언

의장이 조직의 피라미드 꼭대기에 있는 동안, 그는 또한 책임을 져야 한다. 로버트 그린리프(Robert Greenleaf)가 진지하게 말한 바와 같이 "완전한 기능을 갖춘 이사들에 대한 긴밀한 관리감독 없이는, 절대로 그 누구도 운영의 권력을 위임받을 수 있는 사람은 없다." 의장은 먼저 이사회에 책임을 지고, 궁극적으로는 회원에게 책임을 진다.

린든 존슨(Lyndon B. Johnson) 대통령이 퇴임하면서 말했다. "대통령직은 그 자리에 앉은 모든 사람을 아무리 작아도, 그 사람보다 더 크고, 아무리 크더라도, 그 요구를 충분히 충족시키지 못했다." 그것이 의장직을 표현하는 관점이다.

그래서 의장들을 위한 조언은 "당신은 지배하는 것이 아니라 이끌어야 한다."는 것이다. 당신의 동의 여부에 관계없이 모든 사람의 말을 듣게 될 것이다. 당신은 당신의 방식이어야만 한다고 주장하지 않고 이사회나 위원회가 스스로 방식을 찾도록 도와야 한다. 그렇게 할 때, 누가 따르고 있는지 보기 위해 가끔 어깨 너머로 보는 것이 좋다.

❓ 토론질문

- 이사들이 이사회 회의방법에 대한 제안을 하도록 초대될 때가 있는가?
- 의장과 CEO는 서로 의사소통이 잘 되고 있는가?
- 이사회가 회의 중이 아닐 때 의장이 어떻게 이사회를 대표하는지에 대한 제안을 받기 위해 이사들을 초청할 때가 있는가?
- 당신이 이사로서 의장이나 그의 직무를 도울 수 있는 방법이 있는가?
- 마지막으로 의장에게 감사를 표현한 적이 언제인가?

제14장

회의록

회의내용을 기록하는 서기의 역할은 어떤 이사회나 위원회에서 가장 덜 찾는 직책 중 하나이다. 그러나 그것은 가장 중요한 것 중 하나이다. 의제가 회의에서 어떤 사업을 다루게 될 것인가를 포함하고 있다면, 회의록은 어떤 일이 일어났는지를 기록한다.

회의록의 승인은 종종 매우 형식적으로 이루어진다. 회의록은 형식적인 것에 불과하다는 인상을 남긴다. 어떤 사람은 귀찮다고 말할지도 모른다. 그러나 그렇지 않다.

회의록의 4가지 요소

회의록은 다음 목적을 염두에 두고 작성해야 한다.

1. **합법적** : 법적 절차에서 변호사가 가장 먼저 요청하는 것은 회의기록

이다.

2. **사업승인** : 회의록은 사업이 승인되는 공식적인 기준이다.

3. **정보제공** : 회의록은 결석한 사람과 회의결과를 알아야 하는 사람들을 위한 정보를 제공한다.

4. **역사적 기록** : 회의록은 미래 점검을 위해 수행한 내용을 보존한다.

회의록 길이와 내용

내 생각에 어떤 회의록은 너무 짧은 반면 어떤 회의록은 너무 상세하다. 회의록이 너무 상세할 때, 유혹은 그들을 무시하는 것이다. 회의록은 반드시 공식적인 행동을 정확하게 기록해야 한다.

> **회의록은 반드시 공식적인 행동을 정확하게 기록해야 한다.**

동의나 행동이 명확하지 않을 경우, 서기는 주저하지 말고 의장에게 설명을 요구해야 한다. 때때로 발의자는 서면으로 동의안을 제시해야 한다.

만약 분량이 너무 적고 토론에 대한 언급 없이 공식적인 동의나 행동만을 포함한다면, 그 맥락을 잃게 된다. 역사적 목적을 위해, 회의록에는 중요한 결정을 초래한 요지의 요약이 포함되어야 한다. 몇 년 후, 그 회의록은 무슨 일을 했는지 뿐만 아니라 왜 했는지 누구나 알 수 있도록 도와 줄 것이다.

나는 말 그대로의 대화를 기록하는 회의록을 좋아하지 않는다. 기록에서 "그가 말했다. 그녀가 말했다."는 세부사항을 삭제하라. 회의에서 그 말을 들어야 한다는 것은 지루하며, 회의록에서 읽어야 할 필요성은 훨씬 더 적다. 바늘은 건초더미에서 길을 잃는다.

나는 많은 회의록을 작성했는데, 첨부화일을 광범위하게 사용하는 것이 습관이었다. 즉, 공식적인 조치는 추가 세부정보를 찾을 수 있는 첨부화일을 참조하여 회의록에 표시된다. 이것은 회의록의 본문을 줄이고, 진정성을 증가시킨다. 이차 간접 요약이 아닌 원본 문서는 미래의 검토를 위해 제출한다.

누가 회의록을 기록하는가?

이 역할은 보통 정관에 의해서 서기에게 맡겨진다. 현실적으로는 실무직원이 있는 경우에 직원에게 의사회의록 작성을 맡긴다. 그렇게 함으로써 서기는 이사회 심의에 참여할 수 있게 되지만, 또한 약간의 불안감을 갖게 만든다. 결국 이러한 조치는 모든 중요한 거버넌스 기능을 직원들에게 맡기게 되는 결과를 초래한다. 실제로 이사회의 활동을 기록할 단어를 선택할 수 있는 권한을 직원에게 부여하는 것이다.

> 서기는 회의록 내용에 대한 법적 책임이 있다.

궁극적으로 나는 기록하는 직원과 이사회 서기가 이사회 승인을 얻기 위해 최종 이사회의록을 같이 검토한다면 이의를 제기하지 않는다. 직원이 이사회의록을 기록한다고 해서 서기가 법적으로 회의록 작성에 대한 책임을 진다는 사실이 변하지는 않는다.

회의록을 배포할 때, 첨부 문서는 공식적인 회의록 보관과 참석하지 않은 사람들을 위해서만 포함시켜야 한다. 회의에 참석한 사람들은 이미 회의자료에 포함되어 있기 때문이다.

회의록 승인

회의록 초안을 공개하기 전에 먼저 의장에게 제출하는 관행이 있는 단체들이 있다. 지나치게 지연되지 않는다면 거기에는 장점이 있다. 회의록은 다음 회의에서 이사회가 승인한 후에야 공식화 된다는 것을 명심해야 한다.

회의록의 신속한 공개

회의록은 회의 후 며칠 이내에 적어도 초안 형식으로 제공되어야 한다고 생각한다. 이것은 매달 만나는 이사회의 경우 특별히 그렇다. 회의록은 회의 직후에 바로 작성하는 것이 좋다. 경영진이나 누군가가 회의의 후속조치를 수행할 수 있는 권한이 무엇인지 정확하게 알 수 있는 방법은 무엇인가? 회의록을 회람하는 데 오랜 시간이 걸리거나 부주의하게 기록된 회의록은 회의의 가치를 떨어지게 한다.

> 회의 후 바로
> 회의록을 작성하는
> 것은 쉽지 않은
> 일이다.

해석의 자유

회의록 기록자가 말하고 결론을 해석하는데 얼마나 많은 자유가 주어질까? 간단한 답은 "많지 않다."는 것이다. 회의록은 가능한 한 회의에서 발생한 내용에 대해 완전하고, 진실하며 정확한 기록이어야 한다. 훌륭한 기록자(회의서기)는 혼란스러운 회의를 예전보다 더 질서 있게 보이게 할 수는 있지만, 그 기록의 의미를 바꿀 자격은 없다. 부주의한 의장직 수행은 회의록 채택을 어렵게 만든다.

서면 제안

중요한 사안들을 제안서 형식으로 제출하게 되면 회의록을 작성하는 것이 더 쉬워진다. 이 제안서에는 실행이 요구되는 내용이 가능한 제안으로 완성되어진다(부록−5[182쪽] : 효과적인 제안서 작성하기를 참조하라). 이것은 기록을 용이하게 하고 정확성을 높인다. 나는 내가 작성한 제안이 그대로 승인되고 회의록으로 바로 읽힐 때 성공으로 여긴다. 그러나 분명히 해야 할 것은 이사회가 제안에 대해 전권을 위임할 의무는 없다는 것이다. 적합하다고 판단하는 경우 이를 수정하고 심지어 거부할 수도 있다. 회의는 회의록이 작성되고 다음 회의에서 승인될 때까지 완성되지 않는다. 회의록은 무슨 일이 일어났는지에 대한 공식적인 기록이다.

회의록 배포

넓게 분산된 회원을 가진 단체들은 때때로 회의시간에 참여하지 않지만, 알 권리가 있는 사람들에게 알리기 위해 회의록을 사용하기도 한다. 이 방법은 분명히 장점을 가지고 있지만 단점도 있다. 회의록이 광범위하게 유포되면, 아마도 민감한 정보나 기밀정보를 보다 일반적인 용어로 기록하는 경향이 있다. 또한 회의록에 나와 있는 정보가 공공영역에 일찍 알려진 사례를 나는 알고 있다. 내가 선호하는 방법은 회의록은 오히려 비밀로 하고, 알 권리가 있는 사람들에게 알리기 위해 다른 수단을 사용하는 것이다.

　나는 이 논의가 회의록 기록에 어떻게 참여해야 할지 다시 생각하게 하는 기회가 되었기를 소망한다. 회의록 기록은 조직의 책무성의 중요한 부분이다.

4부

경쟁력 있는 이사회

멋진 일을 바르게
좋은 일을 멋지게

제15장

모금에서 이사회의 역할

성서는 말한다. "당신의 믿음에 따라 그것이 이루어질 것이다." 비영리는 이 말을 이렇게 바꿔 말할 수 있다. "당신의 모금에 따라, 그것이 이루어질 것이다." 간단하면서도 부인할 수 없는 사실은 비영리단체 사업의 크기는 그것이 서비스제공에 대한 수수료 혹은 대중모금이든지 사업기금을 모금하는 능력에 의해서 정해진다.

모금에서의 이사의 역할

많은 이사들이 기피하는 활동 중 하나가 기금 모금에 대한 것이다. 어떤 사람은 그 이유 때문에 이사회 봉사를 거절하기까지 한다. 동시에 CEO들이 이사회에 대해 갖고 있는 가장 강력한 요구는 이사들이 모금활동에 보다 적극적으로 참여하는 것이다. 일부 단체들은 이사회에서 연간예산의 40%를 모금하기를 희망하면서 충분한 자금력을 가진 이사회로 만들어 간다. 그것은 충분한 자금력이 신임이사 선발의 중요한 기준이 되지 않는 한 괜찮다. 자금력만으로는 좋은 이사회가 되지 못한다.

나는 밀라드 풀러(Millard Fuller)가 해비타트 이사회에서 "만약 당신이 역동적이고 활동적인 모금가가 아니라면 당신의 자리를 다른 사람에게 넘겨주십시오."라는 취지의 말을 자주 했다. 그 말이 이사회가 그를 좋아하게 만들지는 못했지만, 우리의 관심을 끌었다.

분명히 하자면, 이사회의 첫 번째 책임은 빅 X라인 위에 있다. 승인된 계획을 완수할 수 있는 자원을 확보할 수 있는 시스템을 갖추어야 한다. 이사들이 다른 사람들에게 기부를 요청하기 전에 그들 자신이 그들의 능력에 따라 기부했을 것이라고 기대하는 것 또한 타당하다. 이사들은 프로그램을 시작하기 위해 필요한 돈을 모금하기 위한 기회를 찾아야 한다. 이것은 특별히 한정된 직원을 가진 소규모 젊은 조직에게 해당된다.

> 활동적이고 잠재적인 기부자들의 데이터베이스는 은행계좌 만큼 가치가 있다.

청원하는 것을 수줍어하거나 모금에 재능이 없는 이사들은 다음의 방법 중 하나 이상에 참여할 수 있다.

잠재적 기부자인 친구들에게 기부해야할 명분을 이야기할 수 있다. 활동적이고 잠재적인 기부자들의 데이터베이스는 은행계좌 만큼 가치가 있다.

- 기부를 요청하는 다른 이사나 전문 모금가들과 동행할 수 있다. 침묵하더라도 이사의 존재는 기부자에게 많은 것을 말해준다. 나는 이사들이 처음에 다른 이사와 동행한 후에 자신의 청원에 편안해지는 것을 보았다. 어떤 이사들은 2인조 방식사용을 좋아한다.

- 기부자에게 감사할 수 있다. 기부자는 다섯 번 감사를 받을 때까지 고 맙다는 말을 듣지 않았다고 한다. 나는 개인적으로 다섯 번 고맙다는 말을 듣는 것을 원하지 않는다. 다만 기부자들에게 감사의 마음을 전 할 수 있는 적절한 방법으로 감사해야 한다고 말하고 싶다. 여러 가지 방법이 있을 수 있다. 어떤 기부자는 익명성을 원하는 반면 다른 기부 자는 감사패를 기대한다. 사람들이 적절한 감사표시를 받을 때, 다시 기부할 가능성이 더 높고, 기부금을 증액하는 경우도 있다. 소심한 이 사들도 기부자들에게 감사하는 일에 즐겁게 참여할 수 있다. 그것은 전화를 하거나, 감사편지를 보내거나 스타벅스에서 커피를 마시기 위 해 누군가를 초대하는 것처럼 간단할 수 있다.
- 모금행사를 위한 자원봉사에 참여할 수 있다. 그러면서 이것은 이사 회 역할이 아니라 자원봉사 역할이라는 것을 기억하라. 당신은 이사 든 직원이든 누가 책임자이든 따라야 한다.

나는 이사와 직원이 자금출처에서 너무 멀어지면 돈의 가치에 대 해 부주의한 경향이 있다는 것을 발견했다.

모금에 대한 심층적인 이해

> 모금은 대의명분을 위해 친구들을 모으는 것이다.

어떤 이사들은 모금이 구걸처럼 비춰지 기 때문에 모금활동을 반대한다. 모금은 자금을 모으는 일에서 부차적인 일이다. 첫 번째는 단체의 비전을 위한 친구들을 모으는 일이다. 많은 사람 들이 자신들이 믿을 수 있는 무엇인가를 후원할 기회를 찾고 있다. 그들은 어느 곳에선가 변화를 만들고 싶어한다. 그런 자선가 개개인들이 그들의 자선기부 목적과 일치하는 것을 찾도록 돕는 것은 가치 있고 매우 만족스러운 경험이 될 수 있다.

당신은 그 사람들을 물질만능주의와 자기애로부터 해방시키고 또한 기부하는 삶으로 이끌기 위해 도울 때 큰 호의를 베푸는 것이다. 존 맨(John D. Mann)과 밥 버그(Bob Burg)는 『기부자(The Go-Giver)』라는 책에서 이것을 아름답게 묘사했다. 당신은 이사들의 일을 위한 선물로, 그리고 그들에게 모금에 대한 완전한 이해를 제공하기 위해 이사회 모든 회원들에게 이런 책을 주는 것을 고려할 수 있다.

효과적인 모금활동을 위한 전제조건

이사들과 모든 모금전문가들이 모금을 효과적으로 하기 위해서는 다음의 내용들을 공급할 필요가 있다.

1. 주요 모금캠페인을 시작하기 전에, 당신이 소개하려는 모금의 명분을 객관적으로 살펴보라. 그것이 호소력이 있고, 설득력 있게 잘 준비되었는가?

적자를 메우거나 이미 일어난 어떤 일을 부탁하는 것은 매력적이지 않다. 잠재적인 기부자는 무엇보다도 자신의 기부가 누군가의 더 나은 삶을 위해 사용될 것이라는 확신을 갖기를 원한다. 성과의 기록만큼 매력적인 것은 없다.

2. 재단, 고액기부자 또는 정부 보조금과 같은 여러 종류에서 얼마나 많은 돈을 모금하려고 하는지에 대해 명확하게 하라. 전문적인 모금가들은 캠페인뿐만 아니라 그들이 요청하는 각 개인에 대

한 목표를 항상 염두에 두고 있다. 요청하는 일을 부끄러워하지 말라.

3. 매칭기금을 준비하라. 그것이 호소력을 더한다.

4. 다년 간 청원을 하라. 당신의 청원은 미래에 대한 기부서약과 함께 지금 현재 기부를 요청해야 한다. 장점은 분명하지만, 그렇게 하는 사람은 거의 없다. 당신은 내년에도 그 다음 해에도 돈이 필요하다. 그것은 향후 몇 년을 위한 기초를 놓는 것이다. 기부서약은 기록되고 후속조치가 뒤따라야 함을 기억하라.

5. 주요 기부자의 경우 동료 이사와의 중복된 만남을 피하도록 누가 청원하는지 알고 있어야 한다. 주요 기부자가 자신과 가장 의미 있는 관계를 맺고 있는 청원자(이사)와 짝을 맞추도록 하라. 경험이 없는 청원자(이사)들은 많은 돈을 테이블 위에 남겨둔다.

6. 잘 준비된 대중광고로 캠페인을 시작하라. 유료광고와 함께 적시에 추천 기획기사를 쓰도록 하라. 돈을 모으려면 돈을 써야한다는 것을 기억하라.

7. 청원하는 일을 돕기 위해서 인쇄물이 필요하다. 그것은 화려할 필요는 없지만, 유익하고 매력적일 필요가 있다.

8. 누구에게 청원할 것인지 알라. 사전준비가 필요하다. 구글이나 다른 공식적인 출처로부터 많은 정보를 얻을 수 있다. 가능하다면 청원 받는 사람의 친구에게 부탁하라.

> **돈을 모으려면 돈이 필요하다.**

모금전문가의 도움을 받아 이사회를 코치하는 것은 아마추어 모금가들의 효과를 높이고 자신감을 높일 수 있다. 어떤 단체는 권위 있는 위원장을 임명하여 대중의 호소력을 높이기도 한다. 해비타트는 전 미국 대통령 지미 카터의 넉넉한 지지를 통해 엄청난 혜택을 얻었다. 지미와 로잘린 카터(Jimmy Carter & Rosalynn) 두 사람을 필적할 사람은 없었지만 기억할 것은 그들의 진실함 때문에 효과적이었다. 나는 "집을 지을 때 대통령과 무엇에 대해 이야기합니까?"라는 질문을 받는다. 나는 "당신이 하지 않는 것입니다."라고 답한다. 카터는 항상 말했다. "집 짓는 것은 사진촬영을 위한 것이 아닙니다. 나는 집을 지으러 왔고 당신도 그렇다고 생각합니다."

이사들이여, 정신을 바짝 차리고 일하러 가라. 당신이 승인한 프로젝트에 필요한 자금을 모금할 곳을 찾으라.

❓ 토론질문

- 우리 이사회 멤버들은 모금사업에 적절하게 참여하고 있는가?
- 이사들에게 홍보물이 제공되고 있는가? 그리고 생산적으로 감당할 수 있는 임무가 주어지는가?
- 모금에 자신감과 효과를 높이기 위해 이사회 멤버들을 구비시키고 코치하기 위해 더 할 수 있는(해야만 하는) 일이 있는가?

제16장

위원회 - 적은 것으로 더 많이 얻기

위원회는 많은 조직에서 필수적인 부분이다. 대부분 위원회 없이 존재하기 어렵다. 위원회는 다음의 역할을 함으로써 빅 X라인 위에서 거버넌스 업무로 이사회를 돕는다.

- 의제를 분명히 하도록 한다.
- 재무와 같은 전문 분야에 대해 더 많은 관심을 기울이게 한다.
- 이사회 멤버들에게 더 많은 참여의 기회를 제공한다.

위원회는 거버넌스와 프로그램 실행 역할을 모두 채우기 때문에 CEO가 없는 조직에게 위원회는 더욱 필수적이다. 여기에는 학부모단체, 음악 및 운동단체, 서비스클럽 등과 같은 지역사회의 주요 조직들이 포함 될 것이다.

위원회에 관한 주의사항

하지만 여러 장점에도 불구하고 위원회가 그것들을 피할 수 있도록 인식되어야 할 단점들이 있다.

|위원회는 조직을 특징짓는데 필요한 전체를 분산시킬 수 있다.|

한번은 존 카버가 이사회는 몇 개의 상설위원회를(거버넌스 기능을 위해) 설치할 필요가 있냐는 질문을 받았을 때, 그는 "하나도 필요 없다."고 말해서 모든 사람을 놀라게 했다. 그의 설명은 유익하다. 이사회의 역할은 조직전체를 망라하는 것이다. 그가 사용하는 위원회라는 말은 "이사회 전체를 분산시키는 것"을 말한다. 위원회는 조직을 기능적인 부분으로 나눈다. 그리고 그 과정에서 조직을 특징짓는 총체성을 잃게 된다.

|위원회들이 항상 효율적으로 시간을 사용하는 것은 아니다.|

이 정도면 거슬리지만 더 있다. 위원회는 기회가 되면 스스로 자신만의 활동을 하게 된다. 위원회의 역할을 남용하는 등 의도하지 않았던 권한을 행사하게 된다. 각 위원회는 활동의 일부를 보지만, 오직 이사회만이 전체 그림을 본다. 개별 위원회는 얇은 우산(이사회) 아래에서 운영되는 거대한 여러개의 저장탑(개별 위원회)으로 묘사될 수 있다. 내가 해비타트 이사회에서 일하는 동안 위원회 회의는 이사회 모임보다 더 많은 이사들의 시간을 빼앗아 갔다.

이사회도 위원회와 관련한 또 다른 문제는 위원회가 이사회보다 훨씬 더 빅 X라인 아래로 내려가는 경향이 있고 거버넌스 대신 직원의 업무를 수행하게 된다. 예를 들어 재무위원회 위원장으로 일하는 이사회 재무담당 이사와 CFO 사이의 경계는 구별하기 어렵다. 많은 경우에 재무담당 이사는 거버넌스 문제보다 경영에 대해 더 집중하게 된다. 설상가상으로 그 과정에서 CEO의 역할은 무시되거나 침해당한다.

프로그램 위원회와 재정위원회가 같은 시간에 따로 만나는 이사회의 의장을 맡은 적이 있다. 프로그램위원회에서 참신하고 흥미로운 안을 승인했는데, 재정위원회에서는 프로그램위원회가 어떤 결론을 내렸는지도 모르고, 연말 적자가 예상되어 예산동결을 권고했다. 최종 결정을 이사회로 넘기면서, 두 위원회는 각각의 결정을 무효화시켰다.

위원회의 폭 넓은 사용은 생각하는 것만큼 효율적이지 않다. 이사회는 위원회에 안건을 위임한다. 그러면 위원회는 안건에 대한 결론을 내리고 이사회에 다시 제안한다. 만약 이사회가 그 안건에 대해 "심층심의"를 한다면, 이미 해 놓은 일을 다시하는 것이다. 만약 이사회가 그것을 일상적으로 승인한다면, 피상적이 될 것이다. 이 모든 것이 이사들의 시간을 빼앗고 있는데, 많은 경우에 이사회가 처음부터 이사회 전체로 처리했더라면 더 좋았을 것이다. 때로는 이사회가 복잡하고 논쟁적인 안건을 회피하고 싶어서 위원회를 설치하여 의존하기도 한다. 그렇게 하는 것이 좋은 목적이라면 도움이 될 때도 있지만, 이사회가 그냥 쉬운 탈출구를 찾고 있는 경우일 수도 있다.

최소주의 접근

장점과 단점을 비교해 볼 때, 나는 네 가지 최소주의 접근법을 제안한다.

필수적인 위원회만 설치한다

임의적이지 않으면서 구체적인 것은 힘들다. 어떤 단체든지 세 개의 상임위원회로 시작할 수 있을 것이다. 그리고 시간이 지나면서 필요한 위원회를 추가할 것을 제안한다.

이사회 운영위원회 : 이 위원회는 개별 이사들이 어떻게 이사직을 수행하는지 그리고 어떻게 하나의 이사회 전체로서 기능을 수행하는지를 평가한다. 또한 이사의 결원이 발생할 때 심사할 이사들을 준비시켜서 이사회를 강하게 유지시킨다.

재무위원회 : 연차 감사(경영진이 아닌 이사회에 보고) 및 그에 따른 권고사항을 포함하여 중요하고 복잡한 재무 영역에서 수탁책임을 수행한다.

미래비전위원회 : 당연한 것이지만, 이사회가 현재에 너무 집중하는 경향이 있기 때문에 이사회의 가장 중요한 기능 중 하나인 미래를 위한 특별위원회가 필요하다.

프로그램위원회가 없는 것에 주목하라. 단체의 심장에 가까운 프로그램은 위원회를 통하지 않고 이사회가 직접 다루어야 한다. 실행위원회는 어떤가? 내가 만약 중간 규모 단체의 거버넌스 모델을 계획한다면, 9-12명 사이의 이사로 구성하고 실행위원회는 두지 않을 것이다. 실행위원회는 이사회를 두 개의 계급으로 나누게 된다. 극단적인 제한을 받지 않는 한, 실행위원회는 이사회의 역할을 남용한다. 실행위원회에 없는 이사들의 역할이 줄어든다. 그것은 또한 위에서 살펴본 바와 같이 수고의 중복을 초래한다.

언제나 예외가 있어야 한다. 구성원들이 다양하고 지리적으로 흩어져 있는 대규모 단체들은 대규모 이사회가 필요하다고 느낄 수 있고, 이 경우 실행위원회가 필요하게 된다. 이 경우 임원과 다른 멤버들로 구성되어야 하지만 크기는 이사회의 3분의 1을 초과하지 않아야 한다.

필요보다 크지 않아야 한다

위원회는 5명 정도가 적당하고 7명을 넘지 않아야 한다. 그러나 위원회는 이사회의 3분의 1을 넘지 않아야 한다. 2인 위원회라도 괜찮다. 나는 한 때 혼자서 1인 위원회에서 일했고 그것을 무척 즐겼다. 비영리단체가 위원회 운영에 비용을 지불해야 한다면, 단체는 좀 더 심사숙고했을 것이다.

> 비영리단체가 위원회 운영에 비용을 지불해야 한다면, 단체는 좀 더 심사숙고했을 것이다.

적당한 회의 횟수를 가져야 한다

많은 위원회 회의는 준비된 위원회 업무의 규칙을 준수하지 않기 때문에 필요 이상으로 길고 빈번하다. "생고기 금지"라는 나의 생각은 이사회 회의뿐 아니라 위원회 회의에도 적용된다. 위원회 위원장은 처음부터 심의를 시작하는 대신, 사전에 배포한 과제 초안을 가지고 시작한다. 그것은 선택지를 찾고 결론을 테스트하게 한다. 이 절차는 회의를 용이하게 하고 여전히 위원들의 참여를 허용한다. 그것은 리더십의 발휘를 요구한다.

필요 이상 회의가 길지 않아야 한다

나는 부인하지만, 저녁 9시 30분이나 10시 전후에는 정신을 집중하지 못한다는 말을 인용하곤 한다. 회의가 잘 계획되고 진행된다면, 두 시간이면 위원회가 회의 자리에서 할 수 있는 것을 성취할 것이다.

> 잘 준비된 회의라면,
> 두 시간 동안이면
> 위원회에서 하려고 했던
> 논의를 잘 마쳤을 것이다.

누가 회의를 두 시간 동안 해야 한다고 말했는가? 우리는 오래된 규칙을 알고 있다. 어떤 일을 하는데 필요한 시간은 할당된 양으로 확장된다. 나는 하나의 안건을 위한 스탠드업 회의에 좋은 성과를 거두어서, 상임위원회라는 용어에 새로운 의미를 부여했다. 나는 대부분 우리의 회의실은 너무 편안하다고 생각한다. 만약 회의실에 의자가 없다면, 회의시간이 짧아지게 될 것이다.

위원회 임명

이사장은 매년 모든 상임위원회를 지명한다. 상임위원회는 그들이 성취할 것으로 예상되는 것을 기술한 서면 업무분장을 가지고 있다. 그들은 이사회에 의해 그들에게 위임된 권한만을 가지고 있다는 것을 이해한다. 권한이 부여될 때에만 이사회를 대신할 수 있다. 그리고 이사회에 정기적으로 보고한다. 이사회의 조치가 필요한 모든 권고안은 제안서 형식으로 제시되어야 하며 논의가 예상되는 이사회 회의일자 이전에 제출되어야 한다.

위원장과 CEO는 이사회 운영위원회를 제외한 모든 상임위원회의 당연직 위원이다. 그들의 업무도 검토되고 있기 때문에 이사회 운영위원회에서 일하지 않는다. 그들은 모든 회의에 참석하지 않지만, 그들은 회의록을 보고 받고 위원회의 일원이 되어야 한다.

| 특별위원회는 정해진 기능을 위해 존재한다.

특별위원회는 상임위원회와 구별되어야 한다. 상임위원회는 상시적이라면, 특별위원회는 정해진 목적과 기간을 위해 존재한다. 목적이 달성되면 특별위원회는 해산한다. 일부의 생각으로는 사법적으로 특별위원회를 사용하는 것은 높은 성과를 내는 조직과 관련이 있다.

위원회와 관련된 주제는 이번 장의 제목에 요약되어 있다. - 적은 것으로 더 많은 것을 얻기. 이사회는 위원회를 좀 더 적게 그리고 정의된 목적을 위해 사용할 때 더 나은 결과를 얻는다.

❓ 토론질문

- 위원회는 이사회에 의해 부여된 권한만 가지고 있다는 것을 이해하고 있는가? 위원회는 이사회를 위해 행동하는 것이 아니라 이사회를 위해 의제를 준비한다는 것을 알고 있는가?
- 우리 이사회는 충분한 위원회를 설치했는가? 너무 많은 것은 아닌가? 맞는 위원회를 설치했는가?
- 우리 위원회는 현재의 업부분장을 갖고 있는가?
- 위원회는 그들의 회의 결과를 실행 가능한 형태로 발표하고 있는가?
- 위원회는 이사회에 잘 보고하고 있는가?

제17장

예산 - 필수적인 관리도구

예산이라는 단어는 많은 사람들에게 호감 있게 여겨지지는 않는다. 나의 경험으로 볼 때 예산은 유용할 뿐만 아니라 이사회와 경영진에게 필수적인 도구이다.

예산과 예산편성의 기능

> 예산이 없는
> 조직은
> 기획하지 않고
> 있는 것이다.

잘 짜여진 예산은 기본적인 기획도구이다. 예산편성은 재무기획이다. 예산이 없는 조직은 기획하지 않고 있는 것이다. 간단하다. 예산은 수입과 지출을 예측하는 것을 도와준다. 또한 예산은 자원이 계획을 완성하기에 충분할지를 예측할 수 있게 하고 연말 전에 자원이 고갈되는 것을 피할 수 있게 한다.

예산책정의 과정은 예산결과만큼 가치가 있을 수 있다. 예산은 개별항목을 검토하고 그 비용효율성을 의식적으로 평가할 수 있게 해준다. 예산편성을 통해 예상 재무활동을 이전 연도와 비교하여 추세를 관찰할 수 있다. 총 수입은 증가할 수 있지만 적자로 인해 지출이 더 빨리 증가할 수도 있다. 예산편성은 그러한 추세를 예측할 수 있게 도와주고 거기에 따라 조정하게 한다.

> 예산을 세심하게 읽으면 조직의 진정한 우선순위가 드러난다.

또한 예산은 이사들과 경영자들이 자원이 어떻게 배분되는지를 확인하고 이것이 이 사회에서 승인한 사업에 부합하는지 확인할 수 있도록 돕는다. 조직이 일에 대해서는 말했으나 그 일을 알지 못해 다른 일을 진행시킬 가능성은 항상 있다. 예산을 세심하게 읽으면 조직의 진정한 우선순위가 드러난다.

마지막으로 예산은 이사회가 재정 문제에 대해 직원을 인정하는 효율적인 방법이다. 사업 활동이 승인된 예산 범위 내에 포함된 경우, 기금은 승인된 것으로 간주된다. 승인된 예산이 마련되어 있기 때문에 경영진은 한 해 동안 새로운 프로그램 활동에 대한 승인을 얻기만 하면 된다. 이것은 이사회의 의사결정을 대단히 용이하게 하고, 보다 생산적인 사업을 위해 이를 자유롭게 한다. 또한 이사회가 예산편성과정에 깊이 관여할 필요성을 강조한다. 그것은 자원이 분배되는 과정이다.

반대로 예산이 없는 조직의 경영자는 재정적인 영향을 미치는 모든 조치에 대해 이사회의 승인을 받아야 한다. 이것은 경영자에게는 불필요하게 시간 소모적이고 불쾌감을 주는 일이다. 예산은 경영자가 운영할 권한이 있는 재정상의 변수의 범위를 정의한다.

예산이 작동하는 실례

내가 메노나이트 중앙위원회(MCC)에서 50개국의 수 백만 달러의

해외 프로그램을 담당했을 때, 연간 기획과정은 프로그램을 위해 얼마나 많은 돈이 사용가능할지에 대해 실행위원회와의 협의에서 시작되었다. 이것은 보통 현재 예산에서 백분율 위 아래 숫자로 표현되었다. 또한 실행위원회는 권고계획안에서 증가하거나 감소해야 하는 범위를 제안함으로써 프로그램 내용에 영향을 미칠 수 있는 기회를 가졌다. 일단 거시적인 수치가 정해지면, 직원들은 합의된 프로그램 우선순위와 필요에 따라 예상되는 기금을 각 대륙지역에 분배하는 예산안을 작성할 수 있도록 위임받았다. 다음으로 대륙별 책임자들이 각 나라의 책임자들과 함께 제안된 예산안에서 각 나라의 연간 프로그램 계획을 수립했다.

이러한 예산계획은 이사회 연차회의에서 최종승인을 받은 일련의 지휘체계를 통해 진행되었다. 우리는 좀 더 민주적인 용어를 사용했다. 그 과정은 참여를 촉진하는 과정이었다. 다섯 단계의 행정시스템은 더 큰 계획안에서 각자의 역할을 이해하고 수행했다. 결과는 성공적이었다. 이사회와 경영진 사이의 친밀감과 신뢰가 강했다. 우리의 계획에 약점이 있었다면, 개별 프로그램의 궁극적인 목표를 정의하는데 충분한 주의를 기울이지 않았다는 것이다. 우리는 낡은 길을 계속 따라가려는 경향이 있었다.

최선의 예산편성 과정

모든 사람에게 적용되는 정해진 형식은 없다. 적어도 나는 그것을 찾지 못했다. 모든 조직은 자체적으로 형식을 고안해 내야만 한다. 보통 예산편성의 실제 가치는 의미 있는 비교가 가능한 2차 또는 3차 회계연도 이후에나 분명해진다. 어떤 실험은 당신에게 가장 적합한 형식을 발견하기 전에 필요할 수 있다. 예산안이 너무 자세하면, 예산은 거추장스러워지고, 회의론자들이 귀찮은 일을 할 만한 가치가 있는지 의심하게 만든다. 또 너무 간략하면, 예산이 목적을 이루는데 실패하게 된다. 문제는 시작한 다음 경험을 기반으로 하여 제안하는 대로 조정하는 것이다.

두 가지 실용적인 접근법

나는 현재 연도의 경험, 예산, 전년도의 경험, 예산 등 4개의 열이 있는 스프레드시트로 작업하는 것을 좋아한다. 어떤 경우에는 5년치 기록을 추가하여 좀 더 긴 재무이력을 제공할 수도 있다. 이 형식을 사용하여 한 페이지에 많은 귀중한 재무정보가 요약될 수 있다.

둘째로, 나는 연간 예산에서 항목별로 예상 수입의 100%를 책정하는 근시안적인 관점을 경험으로 배웠다. 역동적인 조직에서는 그 해의 예산책정 과정에서 항상 새로운 도전들이 있을 것이다. 일부 예산 초과는 불가피하다. 좀 더 관대하라. 잡비나 예측하지 못한 경비로 상당한 액수(보통 예산의 10% 정도)를 예비비로 비축하고, 예산균형을 잡기 어려운 연도에 예비비를 포기하려는 유혹을 뿌리쳐야 한다. 예비비편성은 1년 내내 주어지는 도전에 대응할 수 있는 능력과 유연성을 제공한다.

보통 예산편성의 실제 가치는 의미 있는 비교가 가능한 2차 또는 3차 회계연도 이후에나 분명해진다.

잘 계획된 예산은 우리의 친구이지 주인이 아니다. 즉 우리의 돈을 우리의 계획에 맞추도록 도와주는 도구이다.

❓ 토론질문

- 우리 이사회는 우선순위에 따라 사용가능한 자금을 분배하는 연간 예산항목 형식이 있는가?
- 우리 이사회는 전년도 승인된 예산에 대비하여 수입과 지출을 추적할 수 있는 재무보고를 제공받고 있는가?
- 연중에 발생하는 필요와 예상치 못한 비용에 대응하기 위한 예산이 있는가?
- 이사회는 재무관련 권한에 대해 경영진과 분명한 이해를 갖고 있는가?
- 현재 사용 중인 재무보고 및 예산 형식을 잘 활용하고 있는가?

5부

역동적인 이사회 만들기

좋은 일을 멋지게
멋진 일을 바르게

제18장

이사를 위대한 리더로 만들기

<table>
<tr><td>사람들을 이끄는 능력은 인기가 많고 보상받을 수 있는 인간의 능력에 속한다.</td><td>이번 장은 의장과 실무대표뿐만 아니라 모든 이사들과 선임직원들을 대상으로 한다. 우리는 모두 지도자들이다. 더 나</td></tr>
</table>

은 미래로 가는 길을 보여주고, 우리가 움직이고 있는 곳에서 신이 주신 능력을 발휘하고 있다.

토머스 페인(Thomas Paine)은 말했다. "이끌거나, 따르거나 아니면 길에서 비켜서라." 세상은 인도받기를 기다리고 있다. 종교단체, 오케스트라, 기업, 운동팀 등 모든 분야에서 리더십이 열쇠다.

리더십은 복잡한 주제이다. 그것은 무형적인 것과 모호함으로 가득 차 있지만, 그것들 속에는 위대한 리더십을 특징짓는 몇 가지 보편적인 원칙들이 있다.

1. 리더십은 사람들을 이끄는 것에 관한 것이다. 그들의 전문분야를 마 스터하는 기술자들과 달리, 리더들은 사람들에게 방향을 제시하고

동기를 부여하는 것을 전문으로 한다. 위대한 리더들은 두 명 혹은 열 명의 일을 할 수 있는 사람들이 아니라, 수 천 명이 참여하는 활동을 이끌 수 있는 사람들이다. 사람들을 이끄는 능력은 인기가 많고 보상받을 수 있는 인간의 능력에 속한다.

2. 맥스 드 프리(Max De Pree)가 말했듯이 리더의 첫 번째 책임은 현실을 정의하는 것이다. 리더들은 출발점으로 현재를 받아들인다. 루디 줄리아니(Rudolf Giuliani)는 뉴욕시가 관리가 안 되는 도시라는 말을 들었을 때 뉴욕시장으로 선출되었다. 그는 뉴욕을 어떤 교외 중산층도시라고 상상하는 사치를 누리지 않았다. 그는 뉴욕을 있는 그대로 받아들여 가시적인 결과를 가지고 도시재생을 진행하였다.

3. 좋은 리더는 권력 중심이 아니라, 서비스 중심이다. 정의에 의하면 리더는 힘을 가지고 있지만 그들은 다른 사람들에게 힘을 실어주기 위해 그것을 사용한다. 톰 피터스(Tom Peters)는 말했다. "리더는 추종자를 만들지 않는다. 그들은 더 많은 리더를 만들어 낸다."

4. 위대한 지도자들은 최고의 지적, 신체적 에너지를 가지고 있다. 이 에너지는 열정과 비전 그리고 정신으로부터 나온다. 지도자는 무기력하거나 비관적인 정신을 가질 수 없다. 그것은 모순이다. 리더십이란 그것이 존재하기 전에 보고 믿을 수 있는 사람들을 필요로 한다. 그것이 에너지를 생산하는 것이다.

5. 리더십은 영향을 미치는 것이라고 정의할 수 있다. 이를 위해서 지도자는 계속 머물고 싶은 마음을 극복해야만 한다. 지도자는 현재보다 더 나은 잠재력을 가지고 있지만, 아직 그 가치를 입증할 기회가 없는 것에 대해서 대담하고, 현재와 바꿀 수 있는 준비를 해야 한다. 변화를 성공적으로 관리하는 것은 리더의 가장 큰 도전이다.

6. 위대한 리더들은 모험가들이다. 리더십은 지도도 없고 때로는 길도 없는 곳을 항해하는 것을 말한다. 또한 리더십은 사람들과 아이디어가 스스로 입증되기 전에 신뢰하는 것을 포함한다. 조지 버나드 쇼(George Bernard Shaw)는 이 도전을 생생하게 묘사했다. "사람들은 상황을 보고 '가능할까?'라고 말하지만, 나는 결코 없었던 것을 꿈꾼다. 그리고 '가능하다.'고 말한다."

7. 지도자들은 그들의 역할을 잘 만나야 한다. 강한 지도자라도 그 사람이 잘 어울리지 않는 역할에 놓이게 될 때 실패한다. 규모가 있고 자리 잡은 비영리단체는 신생단체와 다른 리더십 기술을 필요로 한다. 중고품 가게를 운영하는 것은 고급 보석상을 운영하는 것과는 다른 경영기법이 필요하다.

8. 훌륭한 지도자들은 신뢰를 만들어낸다. 그들은 스스로 믿을 수 있다. 이것은 그들이 투명해지도록 요구하고, 잭 웰치(Jack Welch)가 "위대한 승리(Winning)"에서 말한 것처럼 그들은 "한 치의 실수도 가질 수 없다." 사람들은 신뢰하지 않는 사람을 따라가지도 않고, 지지하지도 않을 것이다. 신뢰가 없는 곳에는 효과적인 리더십이 있을 수 없다. 신뢰는 시간이 흐르면서 얻어진다. 신뢰는 수여하거나 요구할 수 없다.

리더십이 일어나려면 따르는 사람이 있어야 한다. 따르는 사람은 리더를 만들거나 무너뜨릴 수 있다. 이끌지 않는 리더가 있듯이, 따르지 않거나 리더십을 어렵게 하거나 심지어 불가능하게 만드는 사람들이 있다.

팔로워십(followership)은 리더십과 마찬가지로 학습되어야 한다. 좋은 팔로워십은 맹목적으로 추종하는 것으로 정의되지 않는다.

좋은 리더는 그것을 요구하지 않는다. 언젠가 성공적인 리더가 나에게 말했다. "최고의 부하직원은 항상 나에게 동의하는 사람이 아니다. 항상 나와 동의하는 사람이 아니라, 함께라면 실수하지 않을 것이라는 확신을 나에게 주는 사람이다." 리더십은 배우는 것인가, 아니면 어떤 사람들은 그것을 가지고 태어나는가? 진실은 두 가지 모두이다. 성숙한 지도자들은 갑자기 나타나지 않는다. 어떤 지도자는 다른 사람보다 타고난 능력이 있다. 그러나 결국 리더십 기술은 수영과 같아서 책을 읽어서 습득되지 않는다. 행함으로 배우게 된다. 리더십은 가장 어려운 상황 속에서 최고의 상태에 달한다. 리더를 선택할 때 이런 사람을 주의하라.

- 힘을 과시하고 자신의 이익을 위해 특권을 얻는 것이 빠르다.
- 위협을 하거나 조작을 하려고 한다.
- 피상적이다.
- 고집이 있고, 개인적인 야망이 있다.

> 섬기는 리더들은 다른 사람들의 이익과 대의명분을 우선시함으로써 동기부여가 된다.

우드로 윌슨(Woodrow Wilson) 대통령은 "워싱턴에서 취임하는 모든 사람은 성장하거나 자부심으로 가득 찬다."고 말한 적이 있다. 단체의 지도자들도 마찬가지이다. 그들은 섬김의 정신을 통해서 가장 잘 봉사한다. 섬기는 리더들은 권력이나 특권에 의해서가 아니라, 강제하기 보다는 가능하게 함으로써 다른 사람의 이익과 명분을 자신보다 우선시함으로써 동기부여가 된다. 사람들이 기꺼이 그리고 선한 결과를 가지고 따르는 리더십이다.

리더십 책임이 있는 모든 사람들과 이 책을 읽고 이사회에서 봉사하는 모든 분들에게 매년 서번트 리더십에 관한 책을 읽으라고 권한다. 아무도 선생이 그의 제자들을 가르칠 때처럼 이것을 잘 말한 사람은 없다. "너희 가운데서 누구든지 으뜸이 되고자 하는 사람은 모든 사람의 종이 되어야 한다."

❓ 토론질문

- 우리 이사회의 이사들은 스스로 지도자로 생각하는가? 의장은 동등한 가운데 첫 번째가 될 수 있지만, 모든 이사들은 더 넓은 공동체에서 영향력을 행사할 수 있는 기회를 찾아야 한다.
- 우리 이사 회의실에서는 어떤 스타일의 리더십을 본보기로 삼고 있는가? 의사봉을 휘두르고 연설로 괴롭히는 종류의 리더십인가, 섬김의 정신을 가진 리더십인가? 이사 회의실에서 나타난 리더십 스타일은 조직 전체에 걸쳐 모방되고 있는가?
- 우리 이사회 멤버들은 리더십을 보다 용이하고 효과적으로 만드는 방법들을 사용하는가?

제19장

재활성화 전략

여러분 중 일부는 여러분의 조직을 궤도에 올려놓으려고 애쓰는 반면, 다른 이들은 그들의 조직을 땅에 떨어지지 않도록 하기 위해 애쓰고 있다. 조직들은 열정적으로 시작하지만, 사람처럼 조직들도 생애주기를 가지고 있다. 성서에서 씨 뿌리는 사람의 비유처럼 어떤 조직은 한 계절에 대한 약속을 보여주지만, 빨리 시들어 죽는다. 매년 수천 개의 비영리단체들이 사라진다. 또 다른 단체들이 새로 시작한다.

어떻게 실패하고 사라질 위기에 있는 조직을 소생시킬 것인가? 그것은 가능하고 할 수 있다. 그러나 그것은 강한 의지와 약간의 기술, 그리고 용기를 필요로 한다.

조직의 목적을 정의하라

조직을 재생시키기에 앞서서 그렇게 하는 것이 가치 있는 일인지 스스로 확신을 가져야 한다. 시대가 변하고 있다. 일부 조직은 더 이상 유용하지 않고 필요하지도 않다. 어떤 조직들은 해산해야 하고, 아마도 해산하는데 도움이 필요할 것이다.

> 어떤 조직들은
> 해산해야 하고,
> 아마도 해산하는데
> 도움이 필요할 것이다.

다른 조직들은 여전히 생명력과 적합성을 갖고 있지만, 빠르게 변화하는 시대에 뒤쳐져 있다. 그들은 과거의 이야기를 하고 있다. 그들의 재생은 적절하고 시급한 목적을 정의하는데서부터 시작할 필요가 있다.

엔지니어들이 밤낮으로 더 나은 타자기를 완성하기 위해 일하는 동안, 빌 게이츠(William Henry Gates III)는 우리가 전 세계적으로 소통하고 사업을 하는 방법을 혁명적으로 바꾼 세기의 발명품과 함께 했다. 오래된 타자기 회사들은 그들의 선한 사업에도 불구하고 쓸모없는 상태가 되었다.

일부 조직들은 더 이상 분명한 목적의식을 갖고 있지 않기 때문에 문제를 겪고 있다. 재생을 원하는 사람들의 첫 번째 도전은 그들의 조직이 존재하는 특징적인 목적을 결정하는 것이다. 그 목적이 조직의 회원/구성원들이 기대하는 것과 조직의 역량 안에 있는 것과 일치하는가?

조직의 목적을 알려라

조직의 존재이유 즉 목적을 정의한 후에, 그것을 어떻게 설득력 있게 전달할 것인가를 고려하라. 그것은 조직의 새로운 브랜드를 만드는 데 필수적인 부분이다. 병원이나 진료소는 병든 사람들이 죽기 위해 찾는 곳이 아니라, 건강을 증진시키는 곳으로 여겨져야만 한다. 재활용품 매장은 중산층의 남는 물건들을 처리하기 위해 존재하는 것이 아니다. 그들의 수익금은 배고픈 사람들을 먹이고 생명을 살린다.

만약 여러분의 조직이 흥분하지 않는다면, 그 답이 새로운 다양한 색상의 화려한 브로셔에 있다고 생각하기 전에, 여러분이 주장하고 있는 필요들과 어떻게 그것들을 대중에게 제시할 것인지를 살펴보라.

펜실베니아주의 랭커스터에 있는 "워터스트리트(The Water Street Ministries)"라는 단체는 수 년 동안 노숙자들이 추운 밤에 피난처와 따뜻한 식사를 찾을 수 있는 곳이었다. 그들은 기부에 대해 약간의 호소를 했는데, 일반대중들은 상황이 괜찮다는 인상을 받고 있었다. 그러다가 갑자기, 자금부족으로 인해 서비스를 줄여야 할 필요가 있다는 것을 알게 되었다. 대중은 놀랐고, 예상을 뛰어넘는 반응을 보였다. 워터스트리트는 사업을 훌륭히 해내면서도 그들의 필요를 대중에게 잘 알리지 못했던 것이다.

모든 것은 사람에 관한 것이다

새로운 조직을 시작하든지 어려운 시기를 겪고 있는 단체를 되살리든지 사람들은 항상 해결책에서 중요한 부분을 차지한다. 콜린스의 말을 다시 상기하자면, "버스에 적임자가 있는가?" 사람은 조직 재생의 뿌리인 것처럼, 조직 쇠퇴의 뿌리이기도 하다.

개선된 결과를 얻기 위해서는 새로운 생각이 필요하다. 그것은 새로운 사람들로부터 나올 가능성이 가장 높다.

벤처사업이 실패한 사람들은 그것을 되살릴 것 같지 않다. "항상 하던 일을 하면 늘 얻어온 것을 얻게 된다."는 말이 있다. 개선된 결과를 얻기 위

해서는 새로운 생각이 필요하다. 그것은 새로운 사람들로부터 나올 가능성이 가장 높다. 그들을 찾는 것은 어려울 수 있지만, 더 어려운 부분은 그들을 위한 자리를 만드는 것일 수 있다. 그것은 때로는 잘 섬겼지만 지금은 더 이상 필요하지 않는 사람들과의 결별을 포함한다. 그들을 대체할 수 있도록 이사회에서 교체하는 것은 어려운 일이지만 어떤 때는 필요하다.

신임이사의 자격

새로운 이사들을 선임할 때, 신임이사들에게서 다음과 같은 자격과 특징들을 찾아라.

무엇인가를 알고 있는 사람 : 세상에는 좋은 뜻을 갖고 있는 사람들이 많지만 좋은 뜻만 가지고는 부족하다. 실무훈련시간이 별로 없다. 필요한 기술들을 소유하고 있다는 것을 보여준 사람들이 필요하다. 다른 모든 고려사항들은 이차적인 것이다.

긍정적적인 태도를 가진 사람 : 내성적인 사람과 외향적인 사람이 있듯이, 선천적으로 낙천적이고 용기 있는 사람도 있다. 신이라면 그들을 사랑하고 주의를 기울이겠지만, 당신은 우울한 반대자를 가진 조직을 만들거나 재생시킬 수 없다.

> 이사회에 긍정적인 에너지를 제공할 수 있는 이사들을 찾을 필요가 있다.

비관론자들은 장애물과 위험을 끝없이 고착시킴으로써, 조직에서 필요한 에너지를 빼낸다. 이사회에 긍정적인 에너지를 제공할 수 있는 이사들을 찾을 필요가 있다. 부정적인 사람들은 브레이크와 같다. 브레이크가 없는 차를 원하지는 않지만 만약 브레이크가 계속 걸려있다면, 주행에 방해가 되고 결국 다 타버린다. 부정적인 사람들로부터 긍정적인 결과를 얻으려고 노력함으로써 귀중한 시간을 잃지 말라.

나는 스타트업 벤처기업의 파트너였던 적이 있다. 흥미진진한 일이었지만, 회의에 또 회의를 거듭하면서 우리의 노력은 수포로 돌아갔다. 좋은 기회가 찾아왔을 때 우리는 절망하기 직전이었다. 끊임없이 부정적인 면만 바라보던 멤버가 그만뒀다. 그 사람 대신에 아이디어들이 항상 잘 정리되지는 않지만, 긍정적인 사람으로 대체되었다. 우리 회사는 도약했다. 돌이켜보면 우리는 부정주의가 주는 부담을 알아차렸다.

지명도가 있는 사람 : 이미 명성이 있는 사람만큼 조직의 대중적인 이미지를 회복하는데 더 도움이 되는 경우는 거의 없을 것이다. 그런 사람을 찾는 것은 어려운 일이지만 한편으로 이런 사람들은 종종 가능성이 없는 확률을 가지고 도전할 곳을 찾는다.

약점 제거하기 혹은 강점 강화하기 : 문제가 있는 조직의 많은 리더들의 반응은 "문제가 어디에 있느냐?"고 묻는 것이다. 그들의 가정은 문제를 찾을 수 있다면 해결책도 찾을 수 있을 것이라는 것이다.

핵심강점에 초점 맞추기

문제가 있는 조직이라도, 대개는 강점에 초점을 맞출 수 있다. 그렇게 하는 하나의 방법으로 핵심강점탐구(Appreciative Inquiry; AI)가 있다. AI는 문제나 결점을 찾는 대신에 장점과 성과들에 집중한다. 부정적인 것은 부정적인 요소들을 먹고 부정적인 결과를 낳는다. 긍정적인 추론방식은 더욱 긍정적인 결과를 낳는다. AI는 사람들의 사고방식을 바꿀 수 있는 능력을 가지고 있고, 그 결과 미래를 바꿀 수 있다. 옛날 속담에 "좋아 보이는 것 같지만 좋지 않고, 나빠 보이는 것 같지만 나쁘지 않다."는 말이 있다. 다시 말해서 겉으로 나빠 보일 때조차 좋은 것이 있다는 것이다. AI 는 그것을 찾고 그것에 초점을 맞추는 것이다. 강점이 단점을 몰아내도록 하자.

목표 세우기

어떤 접근법을 사용하든지, 진행사항을 평가(점검)하기 위해서는 표지판이 필요하다. 어떤 이사회는 목표를 이루지 못할 것에 대한 두려움 때문에 목표 세우는 것을 주저한다. 그러나 중간목표에 미치는, 도전적이면서도 가능한 목표를 설정하지 못하는 이사회는 진행경로를 확인할 방법이 없기 때문에 실망하게 된다. 성공만큼 성공하는 것은 없다. 그래서 성공이라고 한다. 그리고 그렇다.

　진보를 측정할 수 있는 목표설정을 거부하는 벤처들은 진보에 대한 환상을 갖고 살 수도 있다. 또는 그들이 얼마나 잘 하고 있는지 추적할 수 있는 방법이 없기 때문에 실망하게 된다. 비슷한 종류의 다른 사람의 성과나 자신의 이전 성과에 대해 측정하던지, 당신은 진행상황이나 부족한 부분을 추적할 방법이 필요하다.

용기를 잃지 말기

> 목표 설정에 실패한 이사회는 의욕이 꺾이게 된다.

그 일을 해낼 것인지 아니면 노력할 가치가 있는지 의문을 품을 날이 있을 것이다. 유명한 조직 전문가는 "모든 모험은 중간에 불행한 것처럼 보인다."고 말했다. 일을 시작하라. 그리고 그 노력을 돕기 위해 다른 사람들을 초대하라. 과거의 영광을 되찾기 위해 노력하는 것이 아니라는 것을 기억하라. 그것들은 영원히 과거다. 당신은 재활성화된 조직의 새로운 미래를 창조하기 위해 일하고 있는 것이다.

어려운 시기에 처한 많은 조직들이 목적을 갖고 있다면 새로워질 수 있고 그럴 자격이 있다. 나는 잿더미에서 일어나는 것을 보았다. 그것은 확신이 있고, 긍정적인 정신을 갖고 있는 사람들로부터 시작한다. 그들은 스스로 목표를 설정하고 열정적으로 그것을 성취하는 사람들이다.

> 런던이 독일의 끈질긴 폭격에 굴복할 조짐이 생길 즈음 윈스턴 처칠은 5개 단어만으로 연설을 끝냈다. 잠시 시간을 두고 청중을 살핀 다음 천천히 그리고 신중하게 말했다. "절대, 절대, 절대로 포기하지 말라"를 두 번 더 반복하고 자리에 앉았다. 그 말은 결정적이었다.

❓ 토론질문

- 우리 조직은 도전에 직면해 있는가? 만약 그렇다면 재생의 필요가 있는가? 아니면 그 목적을 달성했는가?
- 직원을 포함해서 발전시킬 자산과 장점은 무엇인가?
- 현재의 인적자원과 함께 필요한 전환을 달성할 수 있는가? 아니면 변화가 필요한가?
- 조직의 재활성화가 마쳤을 때 어떻게 보이고 싶고 무엇을 하고싶은가?
- 중간 목표를 포함해, 달성하고자 하는 목표를 구체적인 계획으로 현실화했는가?

제20장

이사회의 영성

이사들은 개인적인 삶에서는 행동가들이다. 또한 그들은 실질적인 결과를 얻는 방법을 아는 단순한 사상가들이다. 그것은 오로지 조직에 관한 것이다.

나는 질문한다. 우리가 계획과 정책, 예산과 모범 사례에 집착하는 동안, 매우 중요한 무엇인가를 우리가 놓치고 있는 것은 아닐까? 복잡한 의제나 지표에 결코 올라가지 않는 중요한 주제가 있을 수 있는가? 나중에 깨닫고 나서 우리의 이사회 활동을 되돌아볼 때, 우리는 인디안 시인처럼 "내가 노래하지 않은 노래를 부르기 위해 온 노래, 나는 내 악기를 묶고 푸는데 평생을 보냈다."라고 결론을 내릴 것인가?

신은 우리를 육신, 정신, 영혼으로 만들었다. 우리는 우리의 마음을 단련하고 우리의 몸을 돌보기 위해 최선을 다하고 있다. 그리고 그래야만 한다. 그러나 영혼에 대해서는 어떤가? 우리의 세계관에 어떻게 관여할 것인가? 이사회의 효율성에 대해 논의와 관련해서 어떤 기여를 할 것인가? 이것은 교회나 유대교 회당만을 위한 주제인가? 한걸음 더 들어가 보자.

보이는 것을 넘어서

우리는 알프레드 테니슨(Alfred Tennyson)과 함께 가상토론에 참여한다. 그는 그의 시 "In Memoriam"에서 우리에게 상기시킨다.

> 우리의 작은 시스템에는 전성기가 있었습니다.
> 그들은 전성기가 지나고 사라졌습니다.
> 그것들은 단지 당신의 부서진 빛일 뿐입니다.
> 오 주여, 당신은 그들보다 더 예술적입니다.

사도 바울도 거의 같은 말을 한다. "우리는 보이는 것을 바라보는 것이 아니라, 보이지 않는 것을 바라봅니다. 보이는 것은 잠깐이지만, 보이지 않는 것은 영원하기 때문입니다."(고린도후서 4:18 새 번역)
　이것은 우리의 장기적인 계획과 예산을 넘어서고, 눈에 보이는 것 이상으로 초점을 맞추게 하고, 초월적인 차원을 소개한다. 나는 이 주제를 개인적인 영성과 조직안의 영성 두 파트로 나누어 이야기하고자 한다.

개인 영성

나는 1장에서 "사람을 떠나서, 조직은 빈 껍데기에 불과하다. 그것은 아무것도 모르고 아무것도 할 수 없다. 조직을 위대하게 만드는 것은 사람들이다."라고 말했다. 그러므로 영적인 차원은 이사든 직원이든 그 조직 안에 있는 사람들을 우리의 논의에 포함시켜야 한다. 어디에서 시작할 수 있을까?

영성은 한 사람의 종교적인 신앙의 실제 생활에서 나타나는 것으로 여겨진다. 그것은 우리 각자가 믿는 것으로 우리 삶의 구조를 짜는 것이고 그것은 우리의 정신을 형성한다. 그것은 우리가 무엇을 중시하고 어떻게 권위를 사용하는지를 규정한다. 그것은 우리가 어떻게 사는지에 영향을 미친다.

영성은 이 장의 범위를 벗어난 다분히 개인적이고 복잡한 주제이며, 그것을 제대로 다루는 것은 나의 능력 밖이다. 영적인 주제에 관한 풍부한 자료가 있기 때문에 여기서는 그 주제를 소개하는 것 이상은 할 수 없다. 그러나 영성이 종교와 혼동되어서는 안 되며, 종교가 특정교회와 혼동되어서는 안 된다고 말해도 충분할 것이다. 정신은 본질이다. 정신은 인간의 이해를 대신하는 초자연적이고 신비로운 특성을 가지고 있다. 그것을 인정하든 안하든 동시에 인간 경험의 일부분이기도 하다. 그것은 우리 개인의 삶뿐만 아니라 이사회 업무에 제3의 차원을 포함시킨다.

기독교 신앙을 가진 사람들은 기도를 통해 신과 초월적인 관계를 유지하고 신의 인도와 축복을 구한다. 굉장히 아름다운 일출이나 일몰을 목격하거나, 숲에서 새들의 노래를 듣거나, 헨델의 메시아 공연을 즐기는 것들이 영적인 경험이 될 수 있다. 그것들이 우리의 영혼을 풍요롭게 하고, 우리의 삶에 아름다움을 선사한다.

개인적인 영성에 대한 이러한 논의가 불완전할 수 있지만, 당신이 그것을 경험한다면, 영성은 그 방 안에 있는 사람들의 영성을 통해 이사회의실로 들어간다.

조직의 영성

에릭 클라인(Eric H. Cline)과 존 아이조(John B. Izzo)는 그들이 쓴 책 『기업의 영혼을 깨우기』(Awakening Corporate Soul)에서 조직의 지도자들이 대차대조표와 팀 빌딩 또는 연간 계획에 집착하는 것 이상의 것을 할 필요가 있다고 말한다. 그들은 성공과 만족을 위한 해결책은 내면세계를 포함한 전인적 인간을 살리는 분위기를 만드는 것이라고 제안한다.

이사들은 어떻게 조직적인 환경에서 형체가 없고 심지어 신비적인 것에 대한 영적인 분위기를 조성할 것인가? 영성은 이사회의 행동과 의사결정에 어떻게 영향을 미치는가?

『살아있는 조직』(The Living Organization)에서 윌리암 A. 길로리(William A. Guillory)는 다른 사람들도 발견했듯이 "영적인 원칙들이 우수사례와 결합할 때, 조직은 최고의 상태에 있다."고 이야기하고 있다.

서번트 리더십을 대중화시킨 퀘이커 AT&T의 로버트 그린리프(Robert Greenleaf)는 알 수 없는 것을 알고 예측할 수 없는 것을 예측해야 하는 지도자에 대해서 쓰고 있다. 우리는 권위 있는 위치에 있는 사람들이 어려운 결정에 신의 도움을 구하며 무릎을 꿇었다고 말하는 것을 듣는다.

어떻게 영적인 차원이 우리의 이사회의 질을 높일 수 있는지에 대한 실질적인 제안을 하기 전에, 성서가 이 논의와 어떻게 관련될 수 있는지에 대한 몇 가지 실제적인 제안을 생각해보자.

우리들 중 많은 사람들은 세속적인 것과 영적인 것을 구분하는 신학과 함께 자랐다. 일과 예배, 말과 행동은 밤과 낮처럼 별개였다. 대부분의 성서학자들이 동의하듯이 이것은 거짓과 불행한 분리이다. 그러한 이분법은 계속되고, 우리가 사업을 바라보아야 하는 다양성에 집중할 수 없게 한다.

이 비뚤어진 신학은 신이 우리와 함께 예배장소에 존재하는 것처럼 회의실에서도 우리와 함께한다는 인식으로 대체되어야 한다. 주요한 차이점은 신의 존재가 전자에서는 인정되고 후자에서는 드물게 인정된다는 것이다.

안식일에 신이 우리와 함께 하듯이 신은 매일 우리와 함께한다. 배고픈 사람들에게 먹을 것을 주는 것, 문맹자에게 글을 가르치는 것, 홈리스에게 쉼터를 제공하는 것 그리고 가치 있는 일을 하는 단체에게 방향을 제시하는 일은 그 정신과 목적으로 행해질 때 우리의 사명을 수행하는 일로 평가할 수 있다. 신은 이사회의실에 존재한다. 그걸 염두에 두고, 나는 이사회의실에서 영성이 표현될 수 있는 몇 가지 실제적인 방법을 제시하고자 한다.

1. 우리는 더 높은 권력을 인정하기 위해 우리의 머리를 숙일 때 변화된 사람이 된다. 이사회의실에서 다양한 의견을 내는 것을 방해할 수 있는 독단적인 자기주장과 아는 체 하는 정신은 상호 존중과 겸손의 정신으로 대체되어야 한다. 좋은 정신은 좋지 않은 이사회의실의 절차와 행동을 뛰어 넘을 수 있다. 하지만 좋은 회의실 절차는 결코 나쁜 정신을 보상할 수 없다. 영적인 위축은 종종 불화와 오만을 일으키는 원인이다.

2. 영성은 도덕과 윤리적 행동의 토대를 제공한다. 이것은 세속적인 이사회가 덜 윤리적이라는 것을 의미하지 않는다. 반대로 나는 더 윤리

적인 사람들을 알고 있다. 기독교의 가르침은 신앙에 기반을 둔 단체의 근본이며 그 단체의 윤리를 규정하는데 도움을 준다는 것을 시사하는 것일 뿐이며, 그리스도의 산상수훈에 적절하게 요약되어 있다.

3. 신을 기다리거나, 원한다면 성령을 기다리지만 당신이 초월자를 언급하기를 원할 때, 다른 존재를 대신할 수 있다. 그것은 세상에 퍼져 있는 근시안적인 시각과 자기애에 대한 해결책이다. 의사결정에 영적인 차원을 허용하는 이사들은 눈에 보이지 않는 것을 찾아 그것을 준비할 가능성이 높다. 그들은 더 많이 "만약 그렇다면?" 이라는 질문을 할 수 있다. 행간사이를 읽는다. 어떤 측정기준이 누락되었는가? 물어본다.

4. 이사회와 우리 생활 속에서 의식적으로 신의 존재를 인식하면 "우리가 책임지고 있다"는 태도로부터 더 큰 대의명분을 위해 일하는 태도로 바뀌게 된다. 즉 신은 포도원 주인이고 우리는 그것을 돌본다는 것을 인식하는 것이다.

위의 것들은 완벽한 목록이 아니다. 당신의 경험으로부터 리스트를 더하기를 바란다. 이미 많은 사람들이 어떤 종류의 명상으로 회의를 시작한다. 중요한 결정을 위한 투표를 앞두고 잠시 묵념의 순간을 갖기도 한다. 도전은 전체모임이 신의 존재를 인식할 때까지 이 성스러운 시간을 쌓아가는 것이다. "신을 기다리는 연습"은 회의가 의제로 가득 차 있을 때, 훈련하는 것이다. 그러나 영성이 결코 우수사례나 성과를 대신할 수는 없다.

그것은 그 자체로 끝이 아니다. 그것은 영향을 미치고 활성화시킨다. 그렇다고 성공을 보장하는 것은 아니다. 나는 신앙에 기반을 둔 조직들이 실패율이 낮다는 것을 시사하는 연구를 알지 못한다. 우리는 종교단체들의 모임이 다른 어떤 조직만큼 소란스러울 수 있다는 것을 안다.

『조직의 영성을 위한 명상』(In Setting the Agenda: Meditations for the Organization's Soul)이라는 책에서 릭 스티프니(Rick M. Stiffney)와 나는 "인간은 지능을 다 사용하고, 신의 평화가 '모든 이해'를 초월하는 미지의 세계로 들어갈 수 있도록 허락했을 때 이 '영성의 세계'를 경험할 가능성이 더 높다."는 것을 인정했다.

스티프니와 나는 계속 말한다. "영혼을 새로 꽃 피우는 것이 우리의 의식을 깨우고 우리의 영혼을 에너지와 열정으로 가득차게 한다. 그것은 어느 날 사라질 것들에 사로잡히지 않게 해준다. 또한 우리가 우리 자신을 뛰어넘을 수 있도록 도와준다. 우리의 독단적인 자아와 자기애적인 성향을 자극하고 다른 사람을 도울 수 있는 즐거운 마음을 준다."

보이지 않는 것을 보는 것

우리는 업무시간을 늘리거나, 더 열심히 또는 더 똑똑하게 일하거나 바쁜 날 더 많은 시간을 보낼 수 있는 또 다른 방법을 찾아가면서 더 깊은 답을 얻지 못할 수도 있다. 우리의 더 나은 대답은 속도를 늦추고 새들이 둥지를 짓거나, 다람쥐가 겨울철 간식을 위해 도토리를 모으는 것을 보면서 놀고 있는 아이들의 웃음을 즐기는 것이다. 우리 모두를 둘러싸고 있는 소음을 줄이고, 고요함 속에서 우리 영혼의 더 깊은 내면과 접촉하는 것일 수 있다.

이사들은 자신의 몸과 마음을 돌보는 것처럼 그들의 영혼을 돌

보아야 한다. 그들은 그 의식을 이사회에 가져와야 한다. 그렇게
하는 것이 이사와 조직 모두를 변화시킬 수 있다.

토론질문

- 우리 이사회는 의식적으로 이사회의 영적인 차원을 키우고 있는가?
- 우리 이사회는 영적인 차원, 즉 영혼을 가진 조직이라고 생각하는가?
  당신은 영적인 차원을 키우고 있는가?
- 당신은 의식적으로 당신의 계획과 의사결정을 위해 신의 인도하심을 받으
  려고 하는가?
- 당신은 이사회 봉사가 종교적 소명의 일부라고 생각하는가?

제21장

소송의 그늘 아래에서(법적인 측면)

비영리 이사회에서 봉사하는 것처럼 명분 있는 일이 개인적인 책임의 대상이 되어야 한다는 것은 매우 모순되고 명백한 잘못인 것처럼 보이지만, 소송을 좋아하는 사회에서는 어쩔 수 없는 일이다.

공적으로 자금지원을 받는 비영리 단체의 이사들은 합리적인 관리기준에 따라 관리해야 한다. 떠돌아 다니면서 비영리 단체까지 침투하는 부도덕한 사람들로부터 일반대중은 보호되어야 한다.

어떻게 이사들은 법적인 책임으로부터 자신들과 그들이 대표하는 조직을 보호할 수 있을까? 아무튼 이사들은 일상 업무에서 제외되는데 어떻게 이사들이 잘못된 일에 대해 책임을 질 수 있는가? 이사의 책임을 충족시키고, 그 책임에 대해 판단하는 기준은 법적인 언어로 "선량한 관리자의 주의의무"라고 부른다. 거버넌스와 경영진 모두에서 모범사례를 일관되고 양심적으로 수행하는 것은 이러한 의무를 준수하는데 많은 도움이 된다. 여기에는 다음의 실질적인 내용들을 포함하고 있다.

1. 이사회가 정기적으로 회의를 열고 수탁자의 역할을 개방적이고 책임감 있는 방식으로 충실하게 이행하는 것이다. 만약 당신이 섬기고 있는 이사회가 그렇게 실행되고 있지 않다면, 그리고 만약 당신이 개별 이사로서 그것을 바꿀 힘이 없다면, 당신은 책임을 면하거나 당신의 명성에 해를 끼치지 않기 위해 사임하는 것을 고려할 수 있다.
2. 경영진에게 모든 해당 법률과 규정을 준수하도록 의무화하고, 모니터링을 통해 그것이 이루어지는지 확실히 해야 한다. 이사들은 법의 미세한 부분을 이해하지 못할 수도 있지만 최소한 법과 규정을 고의로 무분별하게 어겨서는 안 된다.
3. 조직은 광고할 때 진실을 필요로 한다. 당신이 하지 않는 것을 하고 있다고 공공연하게 이야기하지 말라.
4. 이사회는 매년 재정 및 현금관리 관행을 검토하기 위해 유능한 감사를 고용하고 권고사항을 준수하는지 확인해야 한다.

책임져야 할 위법사항

법적인 행위에서 가장 일반적인 위법사항은 고용과 관련되어 있다. 이사회는 특별히 다음과 같이 취약한 영역을 포함하여 위반을 방지하는 정책을 시행할 책임이 있다.

고용과 승진의 차별과 부당해고 책임져야 할 위법사항_1
법원과 일반 대중은 인종, 성별, 연령차별과 관련된 문제에 매우 민감해졌다. 설사 법과 상관없더라도 차별의 문제는 이사회의 관심사가 되어야만 한다. 심지어 입증되지 않은 비난도 조직의 명성을 해칠 수 있다.

성희롱 책임져야 할 위법사항_2
이사들은 경영진이 적절한 성희롱 예방 정책과 교육 등 안전한 근무환경을 유지하고 조직이 잘 준수하고 있는지 감시할 것을 요구할 필요가 있다.

채용 책임을 다하는 것 책임져야 할 위법사항_3
간단히 말해서, 당신이 고용하는 직원에 대해서 파악하라. 최소한 추천서를 받고, 경찰 신원확인을 받고, 구글 검색을 하라.

이해관계의 충돌 책임져야 할 위법사항_4
이중적 이해관계를 가진 자신을 발견하는 이사들은 그러한 문제에 대한 투표에서 자신이 피해야 하며, 이것은 회의록에 기록되어야 한다. 예를 들어 가까운 친척을 고용하거나, 당신이 섬기는 이사회의 단체에 부동산을 임대하거나 매각하는 행위 등을 말한다.

조직이 합병을 고려하고 있을 때 또는 정부계약을 체결하거나 고려하고 있을 때 특별한 주의를 기울여야 하며, 아마도 법률 자문을 시작해야만 한다. 이것은 특별히 그런 논의와 결정이 이사회의록에 어떻게 기록되는지에 따라 적용된다.

> 조직이 합병을 고려하고 있을 때 또는 정부계약을 체결하거나 고려하고 있을 때, 특별한 주의를 기울여야 하며, 아마도 법률 자문을 시작해야만 한다.

이사책임 관리하기

이사책임은 많은 조직이 이미 마련해 놓은 절차를 통해 관리할 수 있다.

1. 부정적인 성격의 경우를 제외하고 이사 개인으로부터 단체로 책임이 전가된다는 회칙조항을 둔다.
2. 조직은 이사 또는 임원 책임보험 정책에 따라 이사와 임원이 잘못을 저지르지 못하도록 한다. 이사와 임원 정책들은 한도와 공제대상이 되며 소송 및 판결에 모두 적용된다. 대부분의 청구권이 법정 밖에서 해결되기 때문에 특별히 방어조항이 유익하다는 것이 증명될 것이다.
3. 이사 개인에 의해 관리되고 있는 일부 부동산 관련 정책도 이사와 임원 청구에 대해 제한적으로 적용된다.
4. 경영진이 수행해야 할 이사회 정책은 다음과 같다.
   - 직원의 불만처리 절차를 유지하라.
   - 부족한 성과를 합리적인 수준으로 끌어 올릴 수 있는 기회와 함께 성과의 결여를 문서화 하는 연간 인사고과를 수행하라.
   - 직원이 퇴사하기 전에 적절한 절차를 밟으라.

이사 소송의 핵심은 "경영판단의 원칙"이라고 하는 것에 포함되어 있다. 예컨데, 기업의 행동이 현명하지 못하거나 실패한 것으로 판명된 경우라 하더라도, 이사가 선의로 그리고 기업의 이익을 위해 합리적으로 믿는 방식으로 또한 독립적이고 정보에 입각한 판단으로 행동한다면 이로 인해 발생하는 책임으로부터 보호된다는 것이다.

항상 그렇듯이 예방은 처방보다 더 낫다. 이사와 임원들은 피해 망상적이어서는 안 되지만, 그들이 이사로서 맡고 있는 책임에 대해서도 순진한 태도를 보여서는 안 된다. 이 책임은 이 장에 요약된 모범사례의 성실하고 일관성 있는 적용에 의해 관리될 수 있다.

❓ 토론질문

- 우리 이사회는 "선량한 관리자의 주의의무"의 기준에 부합하는가? "경영판단의 원칙"의 기준에는 어떠한가?
- 우리 이사회는 이사의 책임을 방지하거나 줄일 수 있는 정책과 관례들을 갖고 있는가? 예를 들면 주요한 결정들을 하기 전에 상당한 주의를 기울이는가? 이해충돌을 피하는가? 불만처리 절차가 마련되어 있는가?
- 우리 이사회는 이사들의 책임을 이사로부터 조직으로 옮기는 회칙조항이 있는가?
- 우리는 이사와 임원의 책임보험을 들었는가? 보험이 있어야만 하는가? 만약 그렇지 않다면 크든 작든 그 위험을 감수할 준비가 되어 있는가?

제22장

유머와 축하의 자리

우리가 회의하는 동안 누군가 회의실을 지나갔다는 말을 들었다. 방안에서 무슨 일이 있는지 모르는 그가 "저 방에서 뭘 하고 있나요?" 물었다고 한다. 이사회 회의 중이라는 답변을 들은 그가 말했다. "말도 안돼. 그들이 웃고 있었는데."

만약 즐거움의 척도로 평가된다면, 많은 이사회들은 장의사 모임 바로 위 어딘가에 위치할 것이다. 분명하게 이사회 일은 진지한 비즈니스이다. 그렇다고 우리가 침울해야만 하는가? 유머와 축하를 위한 기회는 없는가?

유머가 필요한 자리

유머는 긴장을 완화시키고 이슈에 집중시키는데 도움을 주는 윤활유가 될 수 있다. 메노나이트 중앙회(Mennonite Central Committee)의 전 회장은 일이 긴장되면 짧고 시기적절한 이야기를 하는데 재주가 있었다. 모든 사람들이 그 논의에 걸리는 시간만큼 가치가 있다고 생각하지 않는, 길고 결론 없는 토론을 끝내기 위해 하나의 이야기를 꺼냈다. 그는 자두 한 접시를 먹는 것을 거부하며 그의 방으로 쫓겨 들어간 소년에 대해 이야기했다. 창가에 서서 번개치는 것을 보다가, 자신이 관찰되고 있는 것을 모르고 있다가 소년은 '자두 몇 개 가지고 야단법석이야.' 하며 숨죽이며 중얼거리는 소리를 들었다. 그 이야기는 회의실 안의 긴장을 풀고 회의를 진행시키는 역할을 했다.

> 유머는 긴장을 완화시키고 이슈에 집중시키는데 도움을 주는 윤활유가 될 수 있다.

아브라함 링컨(Abraham Lincoln)이 자신의 연합군 장성들의 소란스러운 회의를 주재하면서 한 이야기가 있다. 출처가 불명확한 이야기이지만, 한 소년이 천둥번개가 치는 동안 어두운 밤에 숲에서 길을 잃었다. 절망 속에서 그 소년은 기도했다. "신이시여, 당신에게도 마찬가지라면, 소음을 조금 줄이고 좀 더 밝게 해주시면 좋겠습니다." 링컨은 그 상황에서 자신이 하고 싶은 말을 했다.

> 유머는 문제의 밝은 면을 보게 한다.

유머는 농담과 다르다. 유머는 문제의 밝은 면을 보게 한다. 대부분의 냉소는 유머가 아니다. 비록 완전히 무의미한 것은 아닐지라도 부정주의를 부추기는 것은 신랄한 비판이다. 유머는 비꼬지 않거나 다른 사람을 희생하여 사용하지 않을 때 가장 좋다.

불쾌함 없이 시간을 낭비하지 않고 분위기를 띄울 수 있는 사람이 있다면 운이 좋은 것이다. 유머는 회의실에서도 제 역할을 한다.

이사회는 재미있어야 한다

아마도 회의에서 모든 순간이 재미있을 수는 없을 것이다. 그래서 만족이라는 단어가 더 나은 선택이 될 것이다. 의미 있는 결론 없이 끊임없이 계속되는 지루하고 열악한 회의는 성인군자의 인내심을 시험할 수 있다. 그러나 이사회 활동은 그렇게 할 필요가 없다. 또한 그것은 우리들처럼 의미 있는 목적을 위해 시간과 재물을 기부하는 사람들과 함께 봉사하기 때문에 마음깊이 만족스러울 수 있다. 봉사는 희생이 아니라 특권이다. 정말로 우리가 받는 것은 주는 것에 있다.

> 봉사는 희생이 아니라 특권이다.

봉사는 많은 사람에게 보상의 시간이다. 우리 세대는 우리 앞 세대의 소수의 사람들처럼 그리고 틀림없이 우리 뒤에 있는 사람들처럼 축복을 받았다. 무하마드 알리(Muhammad Ali)는 "봉사는 우리가 사용하고 있는 공간을 위해 지불하는 임대료"라고 지적했다. 기쁘게 봉사하자.

하지만 우리는 우리가 잘 할 때, 무엇인가 성취된 것을 볼 수 있을 때, 그리고 사람들이 변화 할 때만 봉사하는 것을 좋아한다. 만약 당신이 이사회 봉사를 즐기지 않는다면, 아마도 다른 누군가에게 당신의 자리를 내줄 것을 고려해야만 한다.

축하하기

나는 미국한센병선교회의 이사회의 의장보고서를 마무리하는 동안, 우리의 업적을 열거하고 각각의 업적을 축하할 만한 것들로 결론지었다. 그 때 생각했다. 우리는 축하를 한 적이 없었다. 나는 당황했고 잃어버린 시간을 만회하기로 결심했다.

분기별 이사회 전날 저녁 그린빌에 도착하자마자, 선임직원들에게 축하를 위한 자리를 마련할 수 있도록 도와달라고 부탁했다. 그들은 믿을 수 없다는 듯이 나를 쳐다보았다. 내가 처리해야 할 의제가 얼마나 많은지 몰랐을까?

"알고 있습니다. 저녁 일정을 조금 줄이고 우리는 저녁에 축하시간을 가질 것입니다." 미심쩍은 얼굴을 하고 있는 직원들에게 물었다. "저녁식사 후에 디저트로 무엇을 준비했나요?" "케익을 준비했습니다." "잘되었습니다. 축하할 때 사용해도 될까요? 혹시 초가 있습니까?"

다이앤은 부드러워지면서 "사물함에 모금만찬에서 남은 초가 있어요."하며 자원했다. 그리고 그녀는 풍선과 색종이를 준비했다. 크리스는 좋아하는 축하음악 CD를 내 놓았다. 나는 캐롤에게 축하시간의 사회를 부탁했다.

우리는 기록적인 시간에 이사회를 마쳤다. 이사들은 걱정스러워하면서 계단을 내려왔다. 그 분위기는 생동감 넘치는 음악소리에 의해서 변화되었다. 풍선과 색종이 장식이 시야에 들어왔다. 잠시 동안 우리는 침묵했고 다소 어색하게 둘러 서 있었다. 그 때 캐롤이 적절한 말을 몇 마디하고 나서 더 어색한 침묵이 이어졌다. 분명한 것은 우리는 축하하는 방법을 몰랐던 것이다.

불안감을 떨쳐내야 할 의무감을 느끼면서 나는 앞으로 나섰다. 테이블에서 초를 하나 고른 후 나는 다소 긴장하면서 불을 붙였고, 이사들을 마주보며 촛불을 높이 들고 "이것은 재무이사로 충실하게 섬겼던 마이크와 그의 우정을 위한 것이다."라고 말했다.

어색함이 깨졌다. 이사들과 선임직원들이 차례로 나와 촛불을 켜고 축하를 해 주었다. 모두가 참여하면서 우리는 시간가는 줄 몰랐다. 순서가 끝날 무렵, 촛불이 켜진 우리의 테이블은 마치 제단처럼 보였고, 몇몇은 소화기가 어디에 있는지 물어보았다. 이사들이 커피와 케이크를 먹고 마시며 어울릴 때, 어떤 이가 "우리 다음에 이렇게 또 합시다!"라고 말하는 소리가 들렸다.

축하이벤트의 예산은 10불정도 들었다. 지금까지 가장 효율적인 이사회 활동 중 하나로 기록되고 있다.

| 축하할 구실을 찾아보라. | 축하하자! 축하할 구실을 찾아보라. 창립기념일, 모금 성공, 연말감사, 생일, 퇴직, 주요직원 임명 등을 축하하라. 그것은 이사회 |

봉사를 더 의미 있게 만들고 더 많은 축하를 만들 수 있는 기쁨의 영역이 될 것이다.

❓ 토론질문

- 우리의 회의는 즐거운가? 무거운가?
- 우리가 축하한 마지막 때가 언제인가?
- 지금 축하할 계획을 한다면 무엇인가? 창립기념일? 모금 캠페인 성공? 10주년 근속 직원 축하? 이사 퇴임 축하?

제23장

잘 마무리하기

"모든 일에는 때가 있다. 태어날 때와 죽을 때" 솔로몬의 말을 빌리자면, 관계를 맺을 때가 있고, 헤어질 때가 있다.

직원으로서든 이사로서든 조직에 헌신해 왔다면 우리는 인정받으면서, 만족감을 가지고 떠날 자격이 있다. 하지만 슬프게도 항상 그렇지만은 않다. 해임의 아픔은 수 년 간의 헌신적인 봉사를 무색하게 한다. 퇴직자들은 고마움을 느끼는 대신에 옆으로 밀려나고 버려진 느낌으로 끝나기도 한다. 임원이 자리를 내어줄 준비가 되기 전에, 임기가 만료될 때만큼 관리하기 어려운 경우는 거의 없다.

> 은퇴는
> 더 윗선에서
> 다뤄질 필요가 있다.

인생의 다른 부분과 마찬가지로, 은퇴는 더 윗선에서 다뤄질 필요가 있다. 많은 이사회는 기대치를 잘 관리하지 않는다. 이를 통해 이사나 선임직원들은 무의식적으로 그 자리에 평생 있을 것이라는 결론을 내릴 수 있게 만든다. 그렇지 않으면 상처받거나 잠재적으로 문제가 될 수 있다. 이런 분위기는 피하거나 적어도 낮추어야 한다. 여기 몇 가지 제안이 있다.

임기제한

> 임기제한이
> 불완전한 옵션 중
> 최고다.

나는 임기제한이 불완전한 옵션 중 최고라는 다소 모순된 결론을 내렸다. 임기제한은 분명히 임의적이며, 조직이 유지하기를 원하는 이사의 봉사를 중간에 잃어버리는 결과를 초래한다. 그럼에도 불구하고 내 생각에 그것이 다른 대안보다 더 낫다. 임기제한은 이사교체의 발판을 마련할 뿐 아니라, 임원들 자신이 기여할 수 있는 시간이 제한되어 있음을 알려준다.

내가 선호하는 이사의 최대 임기는 6년에서 9년 사이인데, 원하는 대로 기간을 나눌 수 있다. 퇴임한 이사들을 1년 만에 복귀시켜서 임기를 다시 시작하는 관행에 대해서 나는 의구심을 갖고 있다. 기대하기 어렵지만, 이사들은 처음 6년에서 9년 내에 자신들이 해야 할 것들을 제공한다. 그리고 조직은 새로운 이사로부터 더 많은 혜택을 얻을 것이다.

연임의 기준

계속해서 이사의 임무를 수행하는 연임은 가정해서는 안 된다. 성과로 결정되어야 한다. 단체들은 현직 이사들이 스스로 승계할 수 있는 자격을 갖춘 성과 기준을 채택해야 한다. 기준보다 못한 것은 최고수준의 조직을 평범하거나 더 나쁘게 만든다. 연임을 계속시킬 것인가 말 것인가의 자격을 결정하는 것은 임기제한을 늘리는 것만큼 매우 어려울 수 있다. 현직 이사들이 연임하는 절차는 과거 봉사에 대한 보상이 아닌 미래 봉사에 대한 기대감으로 계속 봉사할 수 있다는 것을 모두에게 입증해야 한다.

미래지향적인 이사회는 평범한 이사가 재임용될 수 있는 후보가 없기 때문에 다시 연임하는 자리에 있어서는 안 된다. 이사 후임자를 지명할 책임이 있는 위원회 사람들은 활동이 저조한 이사가 자리를 유지하도록 기꺼이 허용한다. 이것은 검증된 자격 있는 이사후보들의 리스트를 가지고 있어야 할 필요성을 강조하는 것이다.

> 제대로 떠나는 것은 적절한 시간에 떠나는 것과 많은 관련이 있다.

임기가 끝난 후 적절하게 이사회를 떠나는 것은 제 때에 떠나는 것과 관련이 많다. 어떤 이사들은 한 번의 임기 동안 너무 오래 버티기도 한다. 그들은 동료 이사들이 정직하지는 않지만 "당신이 보고 싶을 겁니다."라고 애호하는 마음으로 말하는 것을 들을 준비가 되어 있을 뿐이다. 그래서 그들은 다시 한 번 더 연임을 한다. 이사회를 그만두는 것은 게임을 하는 것과 비유할 수 있다. 그래도 보람이 있을 때 그만두는 것이 좋다. 출구로 나가려고 서두르지 말고 균형 잡힌 생각을 하자.

임기 후 예우

최근에 퇴임한 한 이사는 우리가 함께 봉사했던 이사회에 대해 "그 이사회를 떠날 때, 그것은 마치 없었던 것 같다"고 말한 적이 있다. 얼마나 불행하고 현명하지 못한가. 퇴임한 이사들은 충성스러운 후원자들이다. 그들이 조직의 중심에서 흔적도 없이 잊혀지는 것을 허용해서는 안 된다.

어떤 이사회에서는 퇴임 후 1년 동안 퇴임한 이사들에게 이사회 의록을 공유하기도 한다. 이것은 퇴임에 따르는 상실감을 완화시킨다. 어떤 단체들은 엄선된 그룹의 명예이사제도를 두고 있다. 그러한 경우라도 기간을 정해 놓아야지, 평생은 아니어야 한다.

메노나이트 경제개발협회(Mennonite Economic Development Association)는 전임 이사들을 예우하고 소식을 들을 수 있는 기회를 단체의 일정에 만든 경우이다. 이것은 지속적인 정신적, 재정적 지원을 통해 배당금을 지급하는 일종의 미루어진 감사와 같다. 매우 의미 있는 일이다.

마무리 잘하기

아름다운 퇴임을 계획하는 책임은 조직과 퇴임자 모두에게 있다. 나는 이사회의 서약서에 다음과 같은 구절을 포함하고 있는 조직을 알고 있다. "때가 되면 내 후임자와 명분에 대해 존중하고 호의적으로 물러나는 것". 이것은 퇴임이사 역시 긍정적인 마음으로 퇴임을 받아들임으로써 자신들의 감정과 기대감을 관리하면서 마무리해야 한다는 것을 시사해 주고 있다.

퇴임의 시기는 쉽지 않았지만, 퇴임 이후 세월은 나의 가장 좋은 시절 중 하나라고 말할 수 있다. 퇴임 후의 삶이 있다. 그렇게 만드는 것은 또 다른 주제이다.

제대로 그만두는 것의 중요성은 한 MCC 해외직원이 감정적인 장애를 일으켜 미국으로 와서 치료를 받았어야 할 때를 떠올리게 한다. 그녀는 좋은 반응을 보였지만, 그녀의 치료사가 "제대로 그만 둘 수 있도록" 그녀를 해외사업장으로 돌아가도록 허락해 달라고 권유했을 때 우리는 당황했다. "제대로 그만두게 하라구요?" 치료사는 자신이 세계 반 바퀴를 여행하기 위한 비싼 항공권을 구입하는데 관여했다는 것을 몰랐거나 상관하지 않은 걸까? 더 나은 판단에 반대하여, 우리는 스스로를 납득시켰다. 그 일은 끝났고, 돌이켜보면, 나는 우리가 그녀에게 빚진 것을 지불했다고 결론지었다.

우리가 믿는 명분을 위해 자신을 바친 후에 우리는 한 가지를 더 원하고 받을 자격이 있다. 그것은 좋은 마무리를 하는 것이다. 마무리를 잘 하는 것이다. 우리 모두에게 그렇게 되길 바란다.

❓ **토론질문**

- 우리 이사회는 나쁜 결말을 피하기 위해서 어떻게 이사의 기대를 관리할 것인가?
- 연임은 초청에 의한 것이며, 활동에 근거한 것으로 이해되고 있는가? 연임은 현직 이사의 특권이 아니라는 것으로 이해되고 있는가?
- 우리는 이사회 봉사를 어떻게 인식하고 보상하고 있는가?
- 우리는 퇴임한 이사들과 어떤 관계를 유지하고 있는가?

부록

멋진 일을 바르게
좋은 일을 멋지게

부록-1

이사회 자가 평가표

평가기준

Ⓐ	Ⓑ	Ⓒ	Ⓓ	Ⓔ
매우 동의	동의	동의하지 않음	전혀 동의하지 않음	잘모르겠음

이사회 멤버십

1	우리 이사회 이사들은 업무를 수행하는 데 필요한 모든 기술과 소양을 갖추고 있다.	Ⓐ	Ⓑ	Ⓒ	Ⓓ	Ⓔ
2	우리 이사회는 성별, 인종, 지역, 종교의 다양성에서 회원이나 이해관계자를 대표하고 있다.	Ⓐ	Ⓑ	Ⓒ	Ⓓ	Ⓔ
3	우리 이사회의 모든 구성원은 사명을 위해 헌신하고 있으며, 시간과 재능 그리고 돈으로 이를 지원한다.	Ⓐ	Ⓑ	Ⓒ	Ⓓ	Ⓔ
4	우리는 이사운영위원회를 설치하여 매년 자체평가를 통해 이사회를 운영하고 있으며, 이사회를 건강하게 유지하기 위해 이사후보를 제공하고 있다.	Ⓐ	Ⓑ	Ⓒ	Ⓓ	Ⓔ

설명/의견

_____

_____

이사회의 의무

1	우리 이사회는 존재하는 목적을 분명히 하고 있다. (비전과 사명)	Ⓐ	Ⓑ	Ⓒ	Ⓓ	Ⓔ
2	우리 이사회는 측정 가능한 목표를 가지고 목적을 달성할 수 있는 명확한 계획과 장기전략을 가지고 있다.	Ⓐ	Ⓑ	Ⓒ	Ⓓ	Ⓔ
3	우리 계획의 실행은 적절한 지침과 정책을 가지고 경영진이나 위원회에 위임되었다.	Ⓐ	Ⓑ	Ⓒ	Ⓓ	Ⓔ
4	계획을 달성하는데 필요한 재정 및 인적 자원은 합리적으로 이용 가능하다고 볼 수 있다.	Ⓐ	Ⓑ	Ⓒ	Ⓓ	Ⓔ
5	우리 이사회는 매년 경영진과 함께 프로그램 효율성을 평가한다.	Ⓐ	Ⓑ	Ⓒ	Ⓓ	Ⓔ
6	우리는 회원과 이해관계자들에게 정보를 충분히 알리고 있다.	Ⓐ	Ⓑ	Ⓒ	Ⓓ	Ⓔ

설명/의견

_____

_____

위원회 운영

1	우리는 적절한 위원회들을 설치했고, 잘 운영되고 있다.	Ⓐ	Ⓑ	Ⓒ	Ⓓ	Ⓔ
2	우리 위원회들은 명확한 업무분장이 있고, 이사회 업무를 보완하고 있다.	Ⓐ	Ⓑ	Ⓒ	Ⓓ	Ⓔ
3	내가 참여하고 있는 위원회는 이사회가 필요로 하는 기능을 잘 수행하고 있다.	Ⓐ	Ⓑ	Ⓒ	Ⓓ	Ⓔ

설명/의견

_____

_____

_____

이사회 회의

1	우리 이사회 회의는 질서 있고 생산적이다.	Ⓐ	Ⓑ	Ⓒ	Ⓓ	Ⓔ
2	이사들의 회의 참석률은 양호하다.	Ⓐ	Ⓑ	Ⓒ	Ⓓ	Ⓔ
3	회의 의제는 비전을 위한 시간을 포함하여 사용 가능한 시간을 분배한다.	Ⓐ	Ⓑ	Ⓒ	Ⓓ	Ⓔ
4	회의의 횟수와 소요시간은 적당하다.	Ⓐ	Ⓑ	Ⓒ	Ⓓ	Ⓔ
5	우리 이사회는 활발한 교류가 허용되고, 조화로운 분위기 속에서 진행된다.	Ⓐ	Ⓑ	Ⓒ	Ⓓ	Ⓔ
6	실행 항목들이 잘 처리되고, 제안된 양식으로 제출된다.	Ⓐ	Ⓑ	Ⓒ	Ⓓ	Ⓔ
7	회의 안건 목록은 우리가 이사회 업무를 수행하는 데 필요한 정보를 제공한다.	Ⓐ	Ⓑ	Ⓒ	Ⓓ	Ⓔ
8	회의록은 우리 이사회에서 어떤 일이 일어나는지 정확하게 기록한다.	Ⓐ	Ⓑ	Ⓒ	Ⓓ	Ⓔ

설명/의견

_____

_____

이사회와 실무대표(CEO)와의 관계

1	이사회와 실무대표(CEO)와의 관계는 신뢰와 상호 존중이 바탕이 된다.	Ⓐ	Ⓑ	Ⓒ	Ⓓ	Ⓔ
2	우리 조직의 대표는 분명한 업무분장을 갖고 있다.	Ⓐ	Ⓑ	Ⓒ	Ⓓ	Ⓔ
3	이사회는 매년 대표와의 관계를 평가한다.	Ⓐ	Ⓑ	Ⓒ	Ⓓ	Ⓔ
4	이사회는 간섭 없이 대표를 위한 안내와 지원을 제공한다.	Ⓐ	Ⓑ	Ⓒ	Ⓓ	Ⓔ
5	대표는 이사회가 업무를 수행하는 데 필요한 정보를 제공한다.	Ⓐ	Ⓑ	Ⓒ	Ⓓ	Ⓔ

설명/의견

_____

_____

법률과 재무

1	우리는 비교 가능한 중간보고 예산이 있다.	Ⓐ	Ⓑ	Ⓒ	Ⓓ	Ⓔ
2	우리는 이사들과 임원들의 책임으로부터 이사들을 보호하는 내규조항을 가지고 있다.	Ⓐ	Ⓑ	Ⓒ	Ⓓ	Ⓔ
3	우리는 필요에 따라 후속조치로 매년 독립적인 재정감사를 한다.	Ⓐ	Ⓑ	Ⓒ	Ⓓ	Ⓔ

설명/의견

_____

_____

거버넌스 수행에 대한 전체 이사회 평가

전반적인 이사회 운영에 관해 10점 만점 기준으로 평가하라.

⑩	⑨	⑧	⑦	⑥	⑤	④	③	②	①

기타 제안사항 / 개선사항

_____

_____

이름: _____ 일자: _____년 _____월 _____일

대표(CEO) 연차 평가 개요

대표를 임명하는 것은 이사회의 유일하고 가장 중요한 의사결정이다. 대표와 이사회가 관계를 유지하는 것이 중요한데, 이에 필수적인 요소는 연차 평가이다. 나는 대표가 대화 파트너라기보다는 평가 대상에 가깝다는 성과 평가와 달리 양방향 의사소통을 제안한다.

대표를 책임지는 이사회 의장은 객관성을 높이기 위해 다른 이사와 함께 평가를 수행하는 것이 좋다. 아마도 이사회 운영위원장이 적절할 것이다.

사전 평가점검 목록

1. 평가를 시작할 것이라고 대표에게 알려라. 대표를 깜짝 놀라게 하지 마라.
2. 업무분장을 검토하라. 대표가 무엇을 해야 하는가?
3. 이전 년도의 서면평가를 검토하라.
4. 미리 실행위원회에서 이사들로부터 평가의견을 받으라.
5. 대표와 직원들과의 전반적인 친밀감을 이해하기 위해 대표와 일하는 선임직원의 의견을 청취하라. 대표를 과소평가하지 않도록 주의하라. 그들이 제공하는 정보에 대해 동의하지 않는다는 것을 나타내지 말라. 듣는 것이 중요하다.

평가

편안한 환경에서 평가 일정을 잡으라. 최소 90분정도의 방해받지 않는 평가시간을 확보하라. 대표를 안심시켜라. 그리고 당신은 긍정적인 결과를 원한다는 것을 기억하라.

1. 대표가 다음의 내용에 주목하여, 지난 1년을 되돌아볼 수 있도록 도와라.
   - 가장 좋았던 일들
   - 실망했던 일들
   - 직원과의 관계
   - 이사회와의 관계
   - 대표 자리에 대한 만족도 수준

2. 다음으로, 이사회 의장은 특히 대표의 성과와 관련된 사항을 언급하면서 지난 한 해를 돌아본다. 여기에는 칭찬과 개선이 필요한 영역이 모두 포함되어야 한다. 생산적이고, 사려 깊게 그리고 민감하게 수행하라. 반응을 요청하고 대화식으로 하라. 건강한 대표는 이러한 평가과정을 환영하며 적절하게 수행한다면 성과와 관계를 개선할 수 있는 기회로 볼 것이다.

3. 대표에 대한 개인적인 관심을 보이되, 대표의 사생활은 존중해야 한다. 다음 사항에 대해 전반적인 질문을 하고 대표가 어느 정도 수준에서 대답할지 결정하게 하고 추궁하지 말라.
   - 자녀들
   - 취미
   - 건강: 언제 마지막으로 건강검진을 했는지 질문할 수 있다.

- 리더십을 향상시키기 위한 휴가와 연수계획
- 미래 계획: 만약 은퇴나 퇴직을 염두에 두고 있다면, 이것은 공개적인 논의의 대상이 되어야 한다.

4. 경영진의 리더십을 통해 내년에 무엇이 필요한지에 대해 예상할 수 있는 시간을 확보하라. 예상하고 있는 우선순위와 도전들을 찾아보라. 내년 한 해를 위해 대표가 갖고 있는 목표들을 이야기하도록 요청하라.

평가 후속조치

확인과 평가가 필요한 영역을 모두 포함한 평가요약을 서면보고서로 준비하라. 이 요약은 작성하기 어려울 수 있고 필요한 어감을 포착해야 하지만 꼭 필요한 부분이다. 대표가 자신의 의견을 추가할 수 있는 기회를 부여함으로써 요약을 마무리하라. 그 후에 서면 교환은 실행위원회에서 이사회와 공유하고 기밀 화일에 보관한다.

검증방법 이사회와 대표의 관계가 안정되면, 여기서 설명한 것과 같이 360도 평가는 격 년에 한 번 할 수 있으며, 다른 해에는 보다 축약된 평가를 수행할 수 있다. 나의 이전 상사는 감자가 얼마나 자랐는지 보기 위해 감자를 너무 자주 잡아당기지 않도록 경고하곤 했다.

연봉협상 어떤 이사회는 연차평가와 연봉협상을 별도로 진행하는 한편 다른 이사회는 평가와 연봉협상을 함께 하기도 한다. 어느 방식으로든 할 수 있지만, 연봉협상은 매년 이루어져야 한다. 현행 급여를 지불할 수 없는 조직은 대표가 당연한 것으로 받아들이게 하거나 매달려 있다고 느끼게 하여 문제를 복잡하게 만들어서는 안 된다. 진정한 보살핌과 배려는 급여를 초월하지만, 관계가 지속되려면 급여가 합리적인 생활수준을 허용해야 한다.

만약 이 모든 것이 어려운 일처럼 보인다면 그렇다. 그러나 이 모든 과정은 이사회와 대표와의 지속적이고 생산적인 관계의 필수적인 부분이다.

이사(개인) 자가 평가표

이름: _____   이사직 시작연도: _____

평가기준

Ⓐ	Ⓑ	Ⓒ	Ⓓ	Ⓔ
매우 동의	동의	동의하지 않음	전혀 동의하지 않음	잘모르겠음

1	우리 이사회 모임은 잘 수행되고 있고 가치가 있다.	Ⓐ	Ⓑ	Ⓒ	Ⓓ	Ⓔ	
2	나는 정기적으로 이사회와 위원회 모임을 준비하고 참석한다.	Ⓐ	Ⓑ	Ⓒ	Ⓓ	Ⓔ	
3	심의과정에서 이사회는 명시적 비전, 사명, 그리고 목표를 의식적으로 인식하고 있다.	Ⓐ	Ⓑ	Ⓒ	Ⓓ	Ⓔ	
4	우리 이사회는 빅 X 모델에 나타난 바와 같이 거버넌스와 경영 사이의 기능분담을 이해하고 있으며, 운영상 세부사항에 대해 발목 붙잡혀 있지 않고 있다.	Ⓐ	Ⓑ	Ⓒ	Ⓓ	Ⓔ	
5	이사회의 행동이 요구되는 문제들은 제안서로 제출되고 의사결정을 가능하게 한다.	Ⓐ	Ⓑ	Ⓒ	Ⓓ	Ⓔ	
6	나는 _____ 위원회 활동에 만족하고 가치 있는 공헌을 하고 있다고 느낀다.						

| 7 | 모든 요소들을 고려했을 때, 나는 우리 이사회가 탁월하게 이사회 업무를 수행하고 있다고 생각한다. | Ⓐ | Ⓑ | Ⓒ | Ⓓ | Ⓔ |
| 8 | 나는 이사회에 대한 봉사가 즐겁고, 계속해서 기쁨으로 봉사하고 싶다. | Ⓐ | Ⓑ | Ⓒ | Ⓓ | Ⓔ |

나는 다음의 직책이나 위원회에서 일하고 싶다.

_____

_____

이사회에서 나의 봉사를 보다 더 효과적으로 할 수 있는 방법에 대한 제안하고 싶다.

_____

_____

이름: _____ 작성일자: _____

대표 선임을 위한 점검목록

운영상의 모든 결정이 대표의 사무실에서 나오기 때문에 대표의 임명은 이사회가 수행하는 가장 중요한 결정 중 하나이다. 이사회는 퇴임하는 대표의 의견을 들을 수도 있지만, 기본적으로 이 중요한 결정을 내리는 것은 이사회 스스로의 몫이다. 대표직 승계를 더 쉽게 하기 위해서 물러나는 대표의 뜻을 유지하는 것이 현명하다. 다음은 어떻게 진행할 것인지에 대한 제안이다.

1. 대표 추천위원회를 설치하라. 나는 세 명의 멤버를 추천하지만 다섯 명 이상은 안 된다. 만약 이사회가 대표후보를 찾는데 미숙하다면 이사가 아닌 전문 인사담당자를 컨설턴트로 초빙하는 방안도 고려할 수 있다.
2. 원하는 결과와 함께 직무를 설명하는 업무분장을 작성한다.
3. 계약 조건과 자격 조건을 작성한다.
    - 학력 조건
    - 가치
    - 경력 및 입증된 능력
    - 자격과 복지에 따른 급여범위
4. 채용을 공고하고 후보자를 초대한다. 채용사실을 널리 알려라.
5. 추천위원회는 명시된 조건과 자격에 대해 지원자를 평가하고 3

명을 선정하여 최종 명단에 올려놓는다. 선택된 사람들은 다음 사항들을 포함하여 철저하게 심사되어야 한다.

- 경찰 신원조회
- 신용상태 조회
- 추천서
- 이전 직장 추천서(사전에 지원자의 허락을 받은 경우)
- 이사장과 추천위원회와의 개별인터뷰
- 기타 필요한 점검사항

6. 추천위원회는 후보를 선택한다. 공식적인 후보추천을 하기 전에 후보의 적합성을 점검하기 위해 비공식적으로 이사진과 직원을 만나도록 후보자를 초대한다. 추천위원회 위원장은 이 모임에 참석해야 한다.

7. 모든 것이 순조롭다면, 추천위원회는 후보자와 합의한 후 이사회에 상정하여 임명한다. 투표가 유리하다고 가정하면 후보자를 발표하고 투표한다. 추천위원회가 후보자를 확정 하지 않았다면, 추천위원회는 선발과정을 다시 시작한다. 퇴임하는 대표와 2주 이상 겹치지 않는 것이 좋다.

8. 낙선 후보자들에게 감사를 전한다.

9. 추천위원회에게 감사하고 해산한다.

추천위원회를 위한 제안

1. 면접 전에 자체적으로 준비하라. 질문을 잘 정리하여 전문성을 보여주라. 후보자들도 추천위원들을 관찰하고 있다는 것을 기억하라. 내가 선호하는 방법은 추천위원회가 미리 질문에 합의하고 나서 위원장이 대화를 진행하도록 하는 것이다. 면접 약속

사이에 일정 시간을 잡아서 서로 신호를 확인할 수 있는 기회를 주어 후보자가 서로 마주치지 않도록 하라.

2. 후보자들을 초대해서 자신들에 대해 말하도록 하라. 정보를 얻으려면 귀를 기울이되, 더 나아가 성격적 특성을 찾아라. 개인적인 따뜻함이나 부족함을 관찰하라. 오만함을 확인하라. 후보자들이 읽은 책이나 그들이 다녀온 휴가에 대해 질문하라. 후보자들의 취미는 무엇인가? 후보자들이 자신들의 모습을 그대로 나타내도록 하라. 그들을 편안하게 만들기 위해 노력하라.

3. 업무분장을 충족시키는 데 필요한 역량과 관련되고 경험에 기반한 개방형 질문을 하라. 예를 들면, 후보자가 참여한 성공한 펀드레이징에 대해 말하게 하라. 그들이 관리한 주요 프로젝트와 실적이 저조한 직원을 어떻게 처리했는지 질문하라. 이 과정은 신입직원을 선발하는 것이 아니다. 대표는 바로 일을 시작할 수 있어야만 한다.

4. 일부 위원회는 업무분장을 수행하는 데 필요한 자질을 나열한 스프레드시트를 사용한다. 인터뷰를 마친 후에 추천위원회 위원들은 각 후보자에게 평가점수를 매긴다. 만약 다섯 가지의 자질을 평가했다면, 전체를 100점으로 해서 각 항목에 20점씩 배정한다. 만약 한 가지 자질이 더욱 중요하다면 그 항목에 40점을 배정하고, 다른 4가지 항목에 남은 60점을 배정한다. 모든 점수를 합산해서 최종 선택을 할수 있다. 만약 중요한 질문들이 남았다면 2차 인터뷰를 요청하라.

5. 직무관련 자격으로 제한해야 할 질문을 기억하라. 후보자의 종교나 결혼상태, 나이 등 개인적인 질문을 할 수 없다.

효과적인 제안서 작성하기

이사회는 위원회와 경영진에게 실행을 위한 모든 의제들을 제안서로 제출하도록 요구해야 한다. 이 절차는 이사회 회의를 용이하게 하고 더 나은 결정을 내리는데 도움이 된다. 제안서는 문제의 주요 요소를 요약하고 행동방침을 제안한다. 다음의 내용이 포함되어야 한다.

- 다루려는 문제, 한 두 개의 단락
- 원하는 조치. 이것은 정보나 토론이나 결정을 위한 것인가?
- 결론을 뒷받침하는 고려사항. 여러 단락에서 다음 내용을 포함시킨다. 비용은 어떻게 지불되는가? 직원이 추가로 필요한가? 공간이 필요한가? 제안된 조치와 관련된 다른 부서의 지원이 있는가? 평가 일자가 있는가? 질문을 받기 전에 답변을 준비하라.
- 이사회에 승인을 요청하는 사항

서면 제안서에는 필요에 따라 첨부파일이 있을 수 있지만, 제안서는 한 페이지를 초과해서는 안 된다. 그리고 회의가 진행되기 전에 배포되어야 한다. 직원 제안서는 대표에 의해서 또한 최소한 대표의 승인하에 이사회에 제안되어야 한다. 이사회는 4가지 선택지가 있다.

(1) 제시된 의견을 승인한다.

(2) 수정한다.

(3) 추가 정보의견을 제시한다.

(4) 투표를 한다.

제안서 작성자들은 이사회에서 제안서를 승인하고 회의록을 읽었을 때 그들이 핵심을 찌른 것을 안다. 그러나 이사회가 제시된 의견을 승인해야 할 의무가 있는 것은 아니라는 것을 분명히 알아야 한다.

제안서 작성을 배워야 하더라도 이사회는 제안서의 장점을 평가하는 방법을 배워야 하며 발표 이전의 모든 작업을 다시 반복해서는 안 된다. 이사회는 의미 없는 말들을 섞고 싶은 유혹을 피해야만 한다. 합리적인 논의 시간을 거친 후 이사회는 위에서 제시한 네 가지 선택사항 중 하나를 결정해야 한다. 토론이 무한정 계속되어서는 안 된다.

이사회의 조치는 이사회 회의록에 기록되어야 하며, 제안서는 첨부자료로 추가한다.

거버넌스 지침 : 스타트업 모델

1. **소개 :** (단체 이름) _____ 는 자체 내규뿐만
   아니라 모든 해당 법률과 규정을 준수하여 일할 것을 약속한다.

2. **이사회 책임 :** 이사회는 기능을 위임할 수 있고 위임할 것이지만,
   일어나거나 일어나지 않은 일에 대한 모든 책임은 이사회에
   있다.

3. **회의 참석 :** 이사들은 모든 이사회의 및 위원회에 참석해야 한다.
   회의에 참석하지 못할 경우 이사들은 사전에 양해를 구해야 한
   다. 두 번 연속 무단결석은 이사로서의 결격사유에 해당한다.

4. **회의 :** 이사들은 사전에 배포된 회의 자료들을 미리 읽고 회의에
   참석한다. 회의 중에 이사들은 서로 존중하는 방식으로 말하고
   상호 소통해야 한다. 이것은 특별히 의견이 불일치될 때도 적용
   된다. 일상적인 업무는 동의에 의해 처리될 것이다. 회의는 로
   버트 규칙에 따라 소규모 회의에 맞추어 사용하도록 한다.

5. **회의 안건 :** 이사회의 안건들은 의장과 대표가 함께 준비하고 회의
   전에 배포한다.

6. **회의 횟수 :** (단체 이름) _____ 이사회는 분
   기별로 모일 것이다. 의장은 필요가 발생하면 임시 이사회를 소
   집할 수 있다. 의장과 대표는 필요에 따라 이사회와 이사회 사
   이에 만날 수 있다.

7. **보고** : 대표는 서면 보고와 다른 방법으로 이사회가 충분한 정보를 가질 수 있도록 한다. 서면 보고서는 적어도 정기이사회 일주일 전에는 받아볼 수 있도록 한다.

8. **비용** : 이사들은 무상으로 봉사한다. 회의참석과 임무와 관련된 비용은 청구할 수 있다.

9. **비밀유지** : (단체 이름) _____ 이사회는 신뢰와 개방적인 분위기에서 업무를 수행한다. 비밀유지가 요구되는 경우, 이사들은 양심적으로 지킬 것을 서약한다.

10. **이해충돌** : 이사들은 이해관계가 충돌하는 사업들에 참여하는 것을 거부해야 한다.

11. **위원회 설치** : (단체 이름) _____ 이사회는 이사회의 완전성을 원칙으로 운영된다. 위원회는 특별한 과업을 위해 설치하고, 이사회의 조치를 위한 과제를 준비한다. 위원회는 이사회에 의해 주어진 권한만 수행한다. 위원회는 위원회 회의록을 준비해야 하고 즉시 배포해야 한다.

12. **평가** : 이사회는 자체평가를 실시할 것이고 대표와의 관계를 매년 평가할 것이다. 프로그램(사업) 평가는 연간계획 과정의 한 부분이 될 것이다.

13. **정책** : (단체 이름) _____ 이사회는 정책적 관점에서 실제적인 업무를 수행하는데 전념한다. 모든 이사회 정책이 모아지고 언제든지 협의가 가능한 상태로 유지되는 이사회 정책 매뉴얼을 만들 것이다. 매년 이 매뉴얼을 갱신하는 책임은 대표와 함께 일하는 이사회 의장에게 있다.

14. **제안서** : 이사회의 결정이 필요한 주요 안건은 제안서 양식으로
    제출되어야 한다. 이것은 경영진과 위원회 모두에게 적용된다.
15. 이사회 봉사는 선출 또는 초대에 의해서 이루어진다. 퇴임하는
    이사들은 후임자들에게 선의로 자리를 승계하는데 동의한다.

이상의 거버넌스 지침은 이사회의 승인 후에 이사회 정책 매뉴얼
에 포함될 것이다.

후기

이 책을 읽었다면 당신이 이미 하고 있는 좋은 일들을 분명히 확인시켜 주었을 것이다. 축하한다. 좋은 일들을 계속 수행하라. 그렇게 함으로써 당신의 이사직을 더욱 향상시킬 수 있는 기초를 제공할 것이다.

또한 개선이 필요한 분야를 발견했을 것이다. 그것들을 성장을 위한 기회로 생각하라. 이 책에서 제시된 아이디어들은 당신의 상황에 맞추어서 적용될 필요가 있다. 얼마든지 그렇게 하라. 이 책을 책꽂이에 올려놓기 전에, 나는 우리 자신에게 적용할 두 가지를 제안한다.

내년에 나의 이사로서의 성과를 향상시킬 수 있는 방법을 구체화하라. 이사로서 당신의 실적을 향상시키고자 하는 개인적인 목표 2~3가지 목록을 정하라. 그것들을 적어보고 일 년 내내 되새겨 보라. 연말에 또 다른 목록을 만들어 보라. 이것이 이사들이 평범함을 통해 위대함으로 성장하는 방법이다.

내년에 우리 이사회가 좋은 일을 바르게 할 수 있는 방법(효과)을 구체화하라. 또한 동료 이사들에게 위협적이지 않은 방식으로 제시하는 방법도 현명해야 한다. 당신의 이사직에 대한 일종의 시험이 될 것이다. 귀 기울일 준비가 되어 있으면서도 꾸준하게 탁월함을 추구하라.

다른 사람들을 섬기는 것은 고귀한 일이다. 주는 사람과 받는 사람 모두 복이 있다. 봉사는 정신세계를 풍요롭게 하고 세상을 더 나은 곳으로 만든다. 나의 가장 큰 희망은 이 책을 읽음으로써 좋은 일을 더 잘 하기 위한 당신의 노력에 도움이 되고, 당신이 그것을 더 많이 누릴 수 있게 하는 것이다.

"그래, 이게 내가 하고 싶었던 말이야."

이 책을 번역하기로 마음먹은 것은 국내에 비영리단체 이사회와 관련해서 참고할만한 책이 적었기 때문이다. 학문적이지 않으면서 가볍지 않은 이 책 "Doing Good Better"를 직역하면 "선한 일을 더 잘하기"이다. 비영리 단체들이 시작한 선한 일을 더 잘하기 위해서는 먼저 이사회가 건강하게 운영되어야 하는데, 이 책은 이사회가 건강하게 운영될 수 있도록 돕는 가이드라인을 제공하고 있다.

번역하면서 발견한 것 중 한 가지는 건강한 이사회 운영에는 일반성과 특수성의 이슈가 함께 있다는 것이다. 국가나 단체마다 고유한 문화에 따른 이사회 운영방식의 특수성과, 통용되는 보편적인 이사회 운영원리는 함께 고려되어야 한다. 그런 점에서 이 책이 저자인 에드가 스토에즈의 오랜 비영리 이사 활동과 경험에서 우러나온 지혜로 가득 차 있다는 것을 독자들은 알게 될 것이다. 나 또한 번역하는 동안 이렇게 되뇌었다. "그래 이게 내가 하고 싶었던 말이야."

비영리조직은 정부와 시장실패의 대안으로 등장하였다. 그런 의미에서 비영리가 실패하지 않도록, 'Doing Good Better'하는 것은 무엇보다 중요하다. 만약 비영리가 실패한다면 무엇 때문일까? 그것은 이사회 즉 거버넌스와 리더십의 실패일 것이다. 비영리단체의 사명과 재정(모금), 기획, 그리고 평가에 대한 책임은 이사회에 있기 때문이다. 이사회 역할의 부재로 비영리의 실패를 반복하는 것이 빈번한 현실 속에서 이 책은 이사회와 비영리를 재건하는 좋은 가이드가 될 것이다.

비영리 이사회에 참여하고 동참하는 것은 무미건조한 회의와 행사를 의미하는 것이 아니라, 하나의 예술과도 같다. '그 모든 것의 중심에는 사람이 있고, 유머와 영성도 있다.'고 저자는 이야기하고 있다.

이 책을 읽는 분들 모두가 즐겁고 행복한 거버넌스를 경험하기를 바라는 마음으로 번역서를 내어놓는다. 바라기는 한국 비영리 단체들의 특성에 맞는 이사회 핸드북도 곧 출판되기를 기대한다.

옮긴이 **김경수**

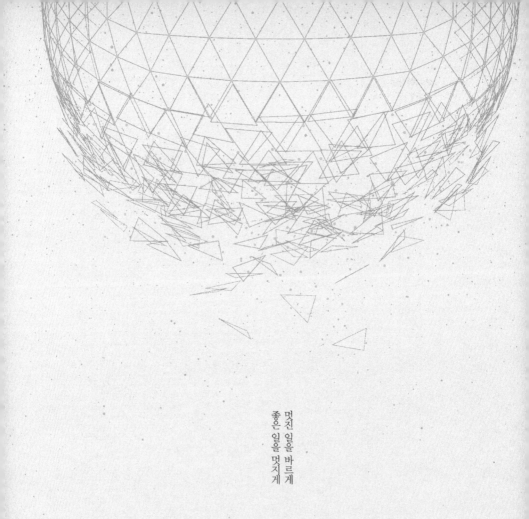

멋진 일을 바르게
좋은 일을 멋지게